U0789760

透水铺装蓄渗与堵塞机理研究

杨　涛　师鹏飞　胡高辉　陈徐东　著

科学出版社
北　京

内 容 简 介

本书针对透水铺装的面层结构开展了相关的强度和功能性方面的研究，探究了不同级配条件下透水铺装的水稳定性能，研究了多层透水铺装在不同降雨强度、堵塞情况和维护模拟后的下渗产流，分析评估了透水铺装的排水、滞洪和滤水效果。同时，本书还开展了不同孔隙率透水路面的循环堵塞试验，探究了堵塞剂材料、水头和水平流速三种因素对堵塞效果的影响，揭示了透水铺装的堵塞机理，并结合 CT 扫描试验技术进行了验证。

本书可作为高等院校和科研院所相关专业研究生的学习用书，也可为透水铺装的相关研究提供一定的参考。

图书在版编目（CIP）数据

透水铺装蓄渗与堵塞机理研究/杨涛等著. —北京：科学出版社，2020.8

ISBN 978-7-03-065777-0

Ⅰ. ①透… Ⅱ. ①杨… Ⅲ. ①透水路面-路面铺装-研究 Ⅳ. ①U416.25

中国版本图书馆 CIP 数据核字（2020）第 146961 号

责任编辑：惠 雪 曾佳佳/责任校对：杨聪敏
责任印制：张 伟/封面设计：许 瑞

科学出版社 出版
北京东黄城根北街 16 号
邮政编码：100717
http://www.sciencep.com

北京中石油彩色印刷有限责任公司 印刷

科学出版社发行 各地新华书店经销
*
2020 年 8 月第 一 版 开本：720×1000 1/16
2020 年 8 月第一次印刷 印张：7 3/4
字数：150 000

定价：89.00 元

（如有印装质量问题，我社负责调换）

前　言

随着社会文明、经济发展和科技的进步，我国目前已经进入城市化发展的高峰期。“十三五”规划纲要提出，2020 年我国人口的城镇化率将超过 60%。我国已成为近 30 年来城市化率增长最快的国家之一。随着城市化的发展，城市的各项设施越来越完善，吸引着乡镇居民不断地涌向城市，导致城市人口密度越来越大。城市化在提高城市居民生活水平，带动经济水平发展的同时，也带来了一系列负面影响，如水资源短缺、城市内涝等问题。2007 年 7 月 18 日，济南市遭受特大暴雨袭击，同年，重庆遭受 115 年来最强雷暴雨袭击，均造成多人伤亡和重大财产损失。2010 年，广州暴雨使多处街道被水淹没，城市交通严重瘫痪。自 2004 年以来，北京基本每年都会发生几次极端天气，有时降雨强度(或雨强)甚至超过 70mm/h，强度大、历时短，给城市的安全运行带来了极大的威胁。

海绵城市以低影响开发(low impact development, LID)建设模式为基础，以防洪排涝体系为支撑，充分发挥城市景观对雨水径流的自然积存、渗透、净化和缓释作用，实现城市水资源的合理利用，减缓或降低自然灾害和环境变化的影响，保护和改善水生态环境。海绵城市的建设途径主要包括三个方面：一是对城市原有生态系统的保护。最大限度地保护原有河流、湖泊、湿地、坑塘、沟渠等水生态敏感区。二是生态恢复和修复。对传统粗放式城市建设模式下受到破坏的水体和其他自然环境，运用生态手段进行恢复和修复。三是低影响开发。在城市建设区综合应用多种低影响开发设施，使城市开发建设后的水文状态尽量接近于开发建设前。

国务院《关于加强城市基础设施建设的意见》(国发〔2013〕36 号)中指出，通过透水铺装等方式建设下沉式绿地，提升城市绿地汇聚雨水、蓄洪排涝、补充地下水、净化生态等功能。2014 年 11 月 2 日，中华人民共和国住房和城乡建设部对外印发《海绵城市建设技术指南》。根据该指南，城市道路铺装要形成海绵体，雨水通过道路下渗、滞蓄、净化、回用，有效提高城市排水系统的标准，缓减城市内涝的压力。提升城市排水系统时优先考虑把有限的雨水留下来，优先考虑更多利用自然力量排水，建设自然存积、自然渗透、自然净化的海绵城市。由此可见，在城镇化建设中，道路透水铺装在提升城市的水文调蓄功能方面有着十分重要的意义。2015 年，财政部、住房和城乡建设部、水利部联合启动了海绵城市建设试点工作，将海绵城市建设提上日程，并在首批 16 个试点城市中进行初步摸索。济南市作为海绵城市的第一批试点城市，在全国率先开展低影响开发及海绵城市的探索和实践。

当前低影响开发的建设管理实践中，吸收借鉴国外西方城市经验的多，考虑国内城市自身实际的则相对不足。许多海绵体在建设初期可以发挥不小的作用，但是在使用一段时间后就会水土不服，难以正常运行。目前为止，我国的排水沥青路面和透水混凝土路面新技术研究和应用总体还处于起步阶段，不少排水沥青路面在抗飞散性、水稳定性、排水耐久性等方面存在固有缺陷，透水混凝土在使用期间存在堵塞导致渗透性下降的问题，以及目前透水混凝土一般用于对强度要求不高的路面。因此，为解决北方半湿润城市普遍面临的汛期洪涝灾害频繁发生、非汛期水资源短缺、水质恶化、水生态退化等问题，迫切需要革新原有海绵城市的方法、技术和理论，不断研发新型海绵体，应对城市水问题。

采用排水沥青路面和透水混凝土路面是海绵城市建设的重要内容，可以有效解决城市地下水匮乏及城市内涝等问题，同时促进地表水循环，在一定程度上缓解城市热岛效应，对我国海绵城市建设具有重要意义。本书以北方半湿润区海绵城市的代表和试点城市济南作为典型，研究适用于北方半湿润城市的新型海绵体的建设工艺技术，增强城市路面雨水下渗能力、减少涝水、净化水质、降低热岛效应，创新防洪排水、雨水资源利用和水质改善的综合利用模式，破解北方半湿润城市的水安全保障难题，为城市防灾减灾、水资源利用、水质改善与生态修复重建等提供重要基础，研究成果具有广阔的市场应用前景。

本书涉及的研究工作得到国家自然科学基金面上项目“城市无线超高频微波时空衰变与高分辨率降雨大数据精准反演”（51879068）和山东省齐鲁集团科研项目的资助支持，在此表示衷心的感谢。同时，对科学出版社有关编辑的辛勤付出，对在写作过程中参考的国内外文献作者一并表示感谢。特别感谢家人、朋友和同事在本人学习、工作中长期给予的关心和支持。

海绵城市建设、城市水务工程等相关领域的研究内容非常丰富，限于作者的学识和水平，书中难免存在疏漏之处，恳请读者和学界同行不吝指出。

杨　涛

2020 年 2 月

目　　录

1 绪　　论

1.1　研究背景及意义

我国是全世界城市化速度最快的国家之一。根据国家统计局公布的《2017年国民经济和社会发展统计公报》，2017年末，我国常住人口城镇化率达到58.52%，预计到2020年前后，城镇化率将超过60%[1]。我国城市化的规模、速度和复杂度都是俄罗斯和欧美发达国家所无法比拟的，多数城市在规划建设初期低估了城市化的发展速度，因此城市人口的迅速增长和城市规模的快速发展致使城市水问题日益凸显。住房和城乡建设部2010年的调查统计显示：在受调查的351个大中城市中，有213个城市曾经发生过轻度或重度的积水内涝灾害，其中有137个城市内涝灾害一年超过3次，包括干旱少雨的西安、沈阳等西部和北部城市。有74.6%的城市在内涝发生时的最大积水深度大于50mm，超过90%的城市积水深度大于15mm，有57个城市的最大积水时间大于12h[2]。近年来，我国多次发生特大洪涝灾害事件，如2012年北京“7.21”特大洪涝、2007年济南“7.18”特大洪涝等。应对城市水安全问题，发展相应的工程和非工程措施已经迫在眉睫。

造成如此严重的城市洪涝灾害问题，主要有5个原因：一是城市化导致的不透水面积增加，城市化的进程伴随着大量楼房建设，混凝土、沥青路面铺设，这些表面都是硬质化的不透水表面，研究表明地表从天然植被覆盖到75%～100%不透水面的转变时，下渗水量从50%缩减到15%，地表产流量从10%提升到55%，过高的不透水面占有率使地表在降雨之后迅速产生大量地表径流，缩短了洪峰出现时间，提高了地面洪水水量，加重城市洪涝灾害；二是城市雨岛效应，属于城市化的水文效应，其改变了局部气候和下垫面条件，使城市地区强降雨增加，降雨强度(或雨强)峰值增高，降雨强度曲线尖瘦，极易在短时间汇集巨大的水量，产生城市地表洪水；三是城市排水基础设施建设不足，我国过快的城市化进程使大多数城市排水基础设施建设严重不足，多数城市排水系统建设的设计暴雨重现期不足1年，导致这些地区的暴雨洪水积水严重，另外城市内排水系统(管网)与外排水系统(河道)衔接不协调，加剧了城市雨水外排的难度；四是城市基础设施中下凹式设施的增加，随着城市交通网络的发展，下凹式立交桥、地下通道等地势较低设施的数目不断增长，极易出现内涝，从而导致整个交通系统陷入瘫痪，危害城市居民和社会发展；五是城市排水设施维护管理不善，由于年久失修和无法做到定期维护，多数城市排水管网淤塞严重，加之原本管道设计标准较低，使城市洪水外排速度更加雪上加霜[3]。

以上原因所造成的城市严重水问题受到了社会和政府越来越深切的关注，为了解决这些问题，国家提出“海绵城市”这一全新的理念。2015 年，财政部、住房和城乡建设部、水利部联合启动了海绵城市建设试点工作，将海绵城市建设提上日程，并在首批 16 个试点城市中进行初步摸索。海绵城市理念源自低影响开发建设模式，依托已有的防洪排涝体系，建设多种城市景观，赋予其对天然雨水径流的蓄存、下渗、净化和缓释作用，降低洪涝灾害对城市的影响，实现城市水资源充分利用[4]。海绵城市的建设途径有以下 3 个方面：一是保护原有生态系统，这其中包括诸如湖泊、湿地、沟渠等水生态敏感区；二是生态修复，改变粗放式的建设模式，运用生态手段修复遭到破坏的自然景观；三是低影响开发[5]，综合建设多样化的低影响开发设施，使城市的水文状态保持在开发建设之前的状态。海绵城市创建在我国尚属于新的课题，其作为新兴的城市开发模式，必将随着试点城市的推广而成为我国城市开发建设的新标杆[6, 7]。

济南市作为海绵城市的第一批试点城市，在全国率先开展低影响开发及海绵城市的探索和实践。济南市是我国北方代表性内陆城市，属暖温带半湿润大陆性季风气候。在汛期(6～9 月)，降水量占全年降水总量的 70%～80%，汛期暴雨强度大、历时短、空间分布不均匀。由于地形南高北低，短历时高强度暴雨在南部山区易形成山洪涌入南部城区，威胁周边居民的生命财产安全。市内主要交通干道网格状分布，且多为东西、南北走向，加之城市比降较大，形成了人工的南北向行洪干渠，将南部山洪引导至低洼市区中心，放大山洪致灾规模和效应。城区骨干排水系统布局不合理，排水管网系统整体排涝能力低下，居民小区建成时间较长，缺乏完善的排水排污系统。市区河道、排洪沟多汇入小清河，小清河属于平原型水系，比降小、河道狭窄，过水能力严重不足，再加上汛期外河水位往往超过小清河水位，造成小清河排水量远远不如排入量，易漫溢致灾。大量的汛期降水无法储存，雨洪只能通过城市陆面和内部河流的汇聚进入黄河排走。而在非汛期，由于降水稀少，用水量大，加之水资源利用效率低下，存在严重的缺水问题[8]。

以上表明济南市在汛期易遭受雨洪灾害的侵袭，在非汛期又面临水资源紧张的问题。因此，研发海绵城市关键技术与设施，并将其应用到城市建设中，对济南市至关重要。目前，海绵城市建设尚处于起步阶段，其建设标准、工程和非工程措施、管理政策等尚不完善，加之济南市特殊的地理环境和社会需求，亟须建设和发展适用于济南市的雨水收集和利用技术以及评估分析方法，保障海绵城市建设的顺利，实现效益最大化。

1.2 海绵城市发展

海绵城市发展自西方发达国家的诸多城市理念，吸取了很多西方国家的城市建设经验。西方发达国家较典型的城市雨洪发展理念主要有美国的低影响开发(LID)体系及最佳管理措施(best management practices, BMP)、澳大利亚的水敏感城市设计(water sensitive urban design, WSUD)、英国的可持续城市排水系统(sustainable urban drainage systems, SUDS)等。

1972 年，美国联邦水污染控制法及其后来的修正案中第一次提出 BMP，经过一段时间的发展，BMP 由最初的控制非点源污染发展为解决水量、水质和生态等问题的综合措施[9]。BMP 通常分为雨水湿地、生物滞留过滤设施等工程性措施和雨水管理机制等非工程性措施，其主要的控制目标包括：具体污染物控制准则；洪涝与峰流量控制；多参数控制；水量控制；生态环境保护和生态可持续性战略[10]。

LID 从之前的 BMP 发展而来，由美国马里兰州乔治王子郡环境资源署于 1990 年首次提出，其指导思想是在产流源头上以分散小规模措施对雨水径流进行控制。通过建设多种不同的景观措施，模拟自然水文条件并从源头上降低城市化导致的水文条件的显著变化及其对生态环境的影响。LID 设计主要分为保护性设计、渗透技术、径流储存、径流输送技术、过滤技术、低影响景观 6 部分[11]。

为了适应可持续发展战略和 21 世纪议程，英国建立了 SUDS，其目的是解决频发的洪涝、污染和环境破坏等城市灾害。SUDS 将传统的以排放为核心的排水系统转变为富含生态价值的可持续排水系统，综合考虑城市景观中水量、水质和宜人度等多项价值指标，在设计之初就加入景观潜力和生态价值的理念，对整个水系统进行优化，提升城市整体水循环的可持续发展[12]。SUDS 也要求源头和潜在污染源控制，重视点源和非点源污染处理。整个管理链条包括：家庭、社区等小范围的径流源头管理和污染物控制，再到下游区域的大范围控制，在整个链带上采取措施，分级削减、控制产生的径流。SUDS 的技术措施基本与 BMP 相同，整个系统的运转和管理将这些技术和措施串联起来，共同作用于城市的发展之中[13]。

澳大利亚对传统的城市排水理念加以改进，发展了 WSUD，它依仗城市的整体规划设计来削减城市化对原有水文条件和自然生态的负面影响。WSUD 认为每个城市的水循环是一个整体，它以水循环为核心，雨水、供水、污水(中水)管理是围绕核心的各个环节，它们相互联系影响，需统筹考虑，同时兼顾生态景观，将雨洪管理、供水和污水管理一体化结合[14]。低影响城市设计和开发(LIUDD)由

LID 和 WSUD 发展而来，其核心是充分发挥自然价值，减少污染物和不透水面积，降低对水功能区生态的影响和能源、材料的使用；与众不同的是，LIUDD 还包含城市周边及农村低影响设计的理念，从而使其应用范围更加广泛[15]。

日本的城市一贯重视排水系统的修建，其修改后的建筑法要求大型建筑物和建筑群必须配备有地下雨水存储设施。1990 年前后，东京开始建设“首都圈外郭放水路”工程，并建设一条连接东京城市下水道和入海河流江户川的大型隧道，便于城市洪水的迅速外排[16]。近年来，日本又关注雨水利用问题，在诸多的新建建筑上配套雨水再利用设备。涩谷车站饱受“水害”困扰多年，2015 年开始整体开发工程，除了地表建筑群的扩建之外，在其地下 25m 深处建设一个与东京地下排水系统相连的 4000 t 的地下储水池，当暴雨降雨强度过大时，它可以将周边的雨水积存起来，待降雨结束后陆续把雨水排出。其自带雨水净化系统，若地面缺水也可以从出水池中抽水利用。这一工程也从侧面反映了日本这些年来对城市雨洪管理理念的转变[17]。

发达国家在城市雨洪管理利用方面起步早，力度大，经验丰富，各个国家按照自己的国情发展符合自己的城市雨洪管理体系，为我国提供了宝贵的经验和借鉴，例如，工程措施与非工程措施结合，以非工程措施来保障工程措施的施行和维护，以工程措施来加深非工程措施给居民带来的理念转变；将雨水、排水、治污、生态、景观作为一个系统来统筹规划，摒弃传统的单一开发模式，因地制宜地建立城市水循环新模式；重视雨水回收利用，代替传统“快排”观念，做到城市雨水资源化。

我国在学习借鉴国外先进的城市规划管理理念的基础上，相继提出了生态城市、低碳城市、水生态文明城市并进行初步探索，直至后来“海绵城市”概念的兴起。2003 年，北京大学俞孔坚和李迪华教授[18]最早将河流、湖泊和湿地等生态景观对城市洪涝灾害的调蓄能力比喻为“海绵”。同时俞孔坚教授及其团队积极进行实践探索，先后完成2008年的天津桥园、2010年哈尔滨群力雨洪公园等项目[19]；其次，深圳市于 2004 年开始率先引进美国 LID 理念，不断探索 LID 措施在深圳市的城市建设中的应用，并将光明新区打造为全国城市雨水综合利用示范区[20]。这些初步探索为我国其他城市推广海绵城市建设提供了宝贵的经验，下面简单介绍国内几个典型的海绵城市范例。

北京市近年来每年有上百个不同规模和类型的城市雨水利用工程建设实施，其中东方太阳城项目是雨水利用的经典代表，东方太阳城面积接近 300hm^2，人工湖面积占 6%，绿地和高尔夫球场面积占 25%。雨水排入人工湖，小区绿地灌溉水源全部来自人工湖，无须建设城市管网[21]。居民区的屋面雨水、路面雨水等都就近汇入下沉式绿地，绿地设置了初期雨水处理装置，对初期雨水进行截流、截污后输送排放，部分污染较为严重的初期雨水还会被送入中水处理站；从下沉式绿地下渗后汇流进人工湖，人工湖中设置循环系统，促进湖水的更替，湖中栽种水生植物和植被浮岛，增强湖水的自净能力[22-25]。

深圳市作为我国海绵城市理念实行的先行者，积极探索满足城市发展需求的城市雨洪管理体系，引入 LID 理念，光明新区就是深圳市对海绵城市理念发展的产物。光明新区城市建设用地面积 4904hm^2，新区所提出的目标如下[26]：控制洪峰流量和外排流量；控制面源污染；适当开发利用雨水资源，替代一定的优质自来水量。基于以上目标，新区利用较大面积的绿地，因地制宜尝试了诸如下凹式绿地、入渗井、植草沟等 LID 措施。对新区已建区域完善排水系统，增建部分占地面积较小的渗透设施及雨水调蓄设施，铺设透水路面，对未建成区域在新建的建筑物中配备雨水收集利用设施。整治新区现有河道湖泊，部分改建为雨水生态塘或雨水湿地，增强自净能力，有效防止洪涝灾害的发生。改造之后的光明新区综合径流系数低于 0.43，达到雨洪利用水量控制目标，获得巨大社会和生态效益[27-29]。

国内海绵城市试点的成功，表明海绵城市是符合我国实际情况和需求的城市雨洪管理模式，其在城市水循环建设、景观建设、水资源利用、灾害防护等方面都能发挥巨大作用。但同时也要注意到，国内海绵城市的建设仍然存在诸多问题，低影响海绵体的建设照搬国外西方城市的经验，没有考虑国内城市自身的实际情况，许多海绵体在建设初期可以发挥不小的作用，但是在使用一段时间后就会“水土不服”，难以正常运行，因此革新原有海绵城市的方法、技术和理论，研发多种新型海绵体，架构功能结构完整的城市局地水循环系统，具有重要意义。

1.3 排水沥青铺装路面

排水沥青路面，就是水能够在其中自由流动，并且最终能够排出的沥青表层。符合这一特征的最早的排水沥青路面始建于 1930 年美国的俄勒冈州，其在厂拌封层(plant mix seal coat)的基础上发展起来。到 20 世纪 40 年代，许多美国西部州也应用了相似类型的磨耗层。随着排水沥青路面在服务功能上诸多优势的不断显现，其在西方国家也逐渐得到了较为广泛的应用[30]。西欧和美国等发达国家对排水沥青路面的研究始于 20 世纪六七十年代，并在之后的工程中推广应用；日本对排水沥青路面修筑的研究则集中在 20 世纪 90 年代[31]。

排水沥青路面的效益大致可以分为环境效益、安全效益、经济效益 3 大部分。

(1) 环境效益。环境效益包括：排水沥青路面能够迅速吸收地表降水，使其从路面下方汇集排出，减缓路面积水的产生，有助于缓解城市内涝问题；由于拥有高空隙率，为轮胎滚动与路面之间产生的噪声提供了消散渠道，有效降低路面噪声污染；经过排水路面的径流中总金属、总悬浮颗粒物、化学需氧量更低；夏季路表温度更低，对缓解“热岛效应”有一定贡献。

(2)安全效益。安全效益包括：减弱甚至消除降雨地表径流，大大降低水漂现象的产生；增大了道路湿摩擦系数，减弱了操作方向盘的难度，行车更加安全；将道路表面的镜面反射转变为漫反射，消除雨夜时驾驶员遇到的“眩光”现象；减少轮胎在雨天扬起的水雾，提高后车驾驶员的能见度。

(3)经济效益。经济效益包括：由于密度仅为 2.0t/m^3 左右，约为 SMA 材料的 80%，铺设同样面积的路面，石料少用 20%；降低行车滚动阻力，燃油消耗能够降低 2%的量级[32-34]。

正因为以上诸多优势，排水沥青路面的应用和研究在发达国家成为热门话题。

在欧洲国家，对排水沥青路面的重视包括两个方面：一是提高车辆行车安全，二是减少人口和道路稠密地区的交通噪声[35]。欧盟于 1996 年发表绿皮书《未来噪声政策》，将轮胎-道路噪声确认为急需降低的交通噪声。2002 年，欧盟再次发布一项重要指令，要求成员国采取各项措施降低包括道路噪声在内的环境噪声。2002～2005 年的“用于控制交通噪声的可持续道路表面”项目确认多空隙沥青铺装、露骨混凝土和薄层铺装为主要的低噪声表面，并在优化这些路面性能和功能方面开展了大量卓有成效的研究。

德国的排水沥青混合料最大公称粒径(nominal maximum aggregate size, NMAS)选定在 8mm 和 11mm，空隙率为 15%～25%，沥青面层铺设厚度为 40mm 左右，承重层铺设 70mm 的沥青混合料，在这之上设置不透水封层，沥青结合料为聚合物改性沥青，在其中添加 0.5%的木质纤维，其整个建设成本要比普通沥青路面贵 1 倍[36, 37]。法国的收费公路系统中，排水沥青面层约占 16%，其混合料级配采用断级配，几乎没有 2～6mm 的骨料，矿物填料也非常少，空隙率一般在 22%左右，沥青结合料选择种类较多，包括普通沥青、聚合物改性沥青、橡胶沥青和纤维改性沥青。A47 收费公路是法国重要的运输路段，1989 年修建了 40mm 厚的排水沥青路面，1 年后调查显示其性能极佳，面层完好无损，没有任何损坏[38]。英国在 1967～1991 年之间曾铺设过 83 段排水沥青路面(包括不同的交通等级)，研究主要集中在材料方面：20mm、14mm 和 10mm 最大公称粒径；不同等级的沥青；沥青含量在 3.2%～5.7%；沥青使用各种聚合物、纤维和其他改性剂。在使用寿命方面也做了大量研究，认为排水沥青路面的使用期限与最大公称粒径有关。NMAS=10mm 时，排水沥青路面使用寿命大概为 5 年，排水功能寿命在 4 年左右；

NMAS=20mm 时，排水沥青路面使用寿命大概为 8 年，排水功能寿命在 6.5 年左右。试验表明，最大公称粒径为 20mm 的排水沥青路面尤其是使用较高含量的改性沥青，能够达到使用年限的最大值[39-41]。荷兰最早在 1990 年提出并使用双层式排水沥青路面，其空隙率一般在 20%～30%，上层用小粒径排水沥青混合料，不但可以保证路面平整，减少滚动噪声，而且使较大的颗粒物质无法进入路面；下层粒径较大，连通空隙率也大，保证进入其内部铺装的水分和颗粒物能够迅速排走，一般认为这种结构能够有效解决排水沥青路面的堵塞问题[41]。

美国尽管是排水沥青路面应用最早的国家，但长期以来仅仅是将排水沥青路面作为高速公路或者州际公路的磨耗层处理，官方命名为 OGFC（open graded friction course，开级配沥青磨耗层），因此 OGFC 一般只有 2cm 厚，空隙率在 15%～17%且结合料多为普通沥青[42]。20 世纪 80 年代初的一阵 OGFC 应用高潮之后，复归平静，只有少数几个州坚持下来。2000 年，美国国家沥青技术中心（NCAT）发布了《新一代开级配磨耗层的设计、施工与性能》，使 OGFC 正式向多空隙欧洲混合料（porous European mixes，PEM）靠拢，空隙率提高到 18%以上，压实厚度提高到 4～5cm，同时将结合料全部换为改性沥青。其中，美国有几个州的做法值得一提，俄勒冈州长期使用的 OGFC 路面最大公称粒径为 19mm，压实厚度为 50mm，它们给这种混合料命名为 F 混合料。加利福尼亚州与亚利桑那州专注于 OGFC 的降噪性能，其沥青结合料多采用沥青橡胶（asphalt rubber，AR），认为沥青橡胶结合料比其他结合料降噪的贡献更大。得克萨斯州交通局采用的是它们自己的 OGFC 形式，并命名为“透水性磨耗层”（permeable friction course，PFC）[43-46]。

日本将排水沥青路面命名为“超级路面”，自 1980 年开始研究并引进欧洲特别是德国的排水沥青技术。1987 年东京都环道 7 号公路率先采用排水沥青混合料铺筑，其路面功能性显著，之后便成为日本的标准路面之一。截至 1996 年 12 月，日本累计铺筑排水沥青路面 800hm^2 以上。但是高温多湿的气候和复杂的交通条件使欧洲排水沥青路面技术的表现并不理想，施工后不久便问题丛生，空隙堵塞以及重载交通引起的骨料飞散大大削弱了排水沥青路面的使用寿命，因此日本致力于开发适合本国情况的排水沥青路面技术，在理念上与欧美不同的是，日本更加注重排水沥青路面的生态功能[47-49]。日本学者研究如何使排水沥青路面具有更高的弹性、抗车辙性、抗水损坏性、耐久性，并在之后的工程实践中将高黏度改性沥青引入排水沥青路面混合料中[50]。

我国的沥青路面技术基本以国外引进为主，20 世纪 90 年代以国外技术修建过少量的试验路段。许多试验段有很浓的研究味道，但是推广应用的意义不大，做完之后出现飞散和压密的情况，因此尽管国内屡有排水沥青研究成果发表，但实际工程中还很少有相关应用[51-53]。

2001 年，上海浦东路桥建设股份有限公司在与日本公司的合作和学习中认识到高黏度改性沥青混合料对排水沥青路面性能的巨大提升作用，扩大了排水沥青路面的适用范围[54]。2002 年，在上海浦东北路铺筑的 1.4km 排水沥青路面采用了日本的技术，并且在之后的应用中性能表现良好，从而使高黏度改性沥青进入我国学者和工程技术人员的视野，拓宽了排水沥青路面技术的适用范围[55]。2003 年，西安咸阳机场高速铺筑 17km 排水沥青路面，2005 年盐通高速铺筑 17km 路段，2009 年浦东中环线、机场北通道铺设 31km 路段，日本的技术在我国得到迅速认可[56-58]。

与发达国家相比，我国排水沥青路面的研究和应用总体还处于起步阶段，由于大空隙开级配结构，排水沥青路面存在固有缺陷，主要集中在抗车辙性、抗水损坏性等方面，而且我国辽阔的地域范围也使得不同地区有着不同的气候和交通条件[59]，加之现在海绵城市建设如火如荼地进行中，排水沥青路面建设成为海绵城市重要的基础支撑工程，针对排水沥青路面的强度和功能性的深入研究迫在眉睫。

1.4 透水混凝土铺装路面

透水混凝土(previous concrete)是以水泥作为胶凝材料，主要采用粗集料作为骨料加入水以及高效减水剂混合配置而成的轻质多孔混凝土[60]。透水混凝土是一种可持续发展的材料，其被作为一种道路材料时，能够为城市地表径流提供下渗通道，路面的高渗透性可解决城市积水问题，同时回补地下水改善生态[61]。透水混凝土路面也被用于吸声降噪[62]、提高路面的摩擦力等。由于其优良特性，近年来得到了越来越广泛的关注。美国材料与试验协会已成立了下属委员会专门研究透水混凝土的制造、特性及应用[63]。透水混凝土路面层能作为渗透系统，不仅能储存渗流，且能使水得到净化并回补地下水，因此其水力学特性是有关部门倡导发展透水混凝土建设的主要驱动力。

透水混凝土在实际工程中投入使用是在 1973 年日本铺设的透水混凝土路面工程。1973～1995 年，日本东京共计铺设透水混凝土路面 220 万 m^2 且每年都以 10 万～20 万 m^2 的速度增长。到 21 世纪初，全日本累积铺设透水混凝土路面面积达到了 1000 亿 m^2，透水混凝土广泛运用在公园、停车场、人行道以及高速公路中央分隔带等处。而德国更是颁布了有关透水混凝土的相关标准，大力推行透水混凝土路面的改造，到 2013 年，德国 90%的城市路面均由透水混凝土铺设而成。我国透水混凝土的工程应用较晚，21 世纪初才开始对透水混凝土材料进行推广和应用，我国人均水资源匮乏，国家和地方政府已经采取了一系列措施进行节水节源、雨水回收利用。2012 年 4 月，在“2012 低碳城市与区域发展科技论坛”中，“海绵城市”概念首次被提出；2013 年 12 月 12 日，习近平总书记在中央城镇化工作会议的讲话中强调:“提升城市排水系统时要优先考虑把有限的雨水留下来，优先考虑更多利用自然力量排水，建设自然存积、自然渗透、自然净化的海绵城市”。目前国内海绵城市项目已经有多处试点工程，并且取得了一定的效果。

目前透水混凝土路面的建设应用主要有人行道路(图 1-1)、停车场(图 1-2)、轻交通量道路及河岸等。限制其广泛应用的原因主要有 3 种：一是其强度较低；二是抗冻融能力较低；三是维护成本较高[64,65]。最严重的问题可能是透水混凝土的堵塞，所以透水混凝土路面需要更频繁的维护保养[66,67]。透水混凝土的堵塞会导致其渗透性降低，也降低了透水混凝土的使用优势[68]。

图 1-1 透水混凝土路面

图 1-2 透水混凝土停车场

目前对透水混凝土的研究主要集中在配合比与强度间的关系[69,70]、孔隙率与强度、渗透性等特性的关系上[71,72]。而现有的对于堵塞问题的研究还多是经验上的理解，对于堵塞物质和严重堵塞发生时间量化的研究还很少。学者 Mallen[73]针对透水混凝土路面开展了实地研究后发现，透水混凝土路面渗透性受路面情况影响很大。

1.5 本书主要内容

本书以全国第一批海绵城市试点城市中的济南市为例，研究多层复合排水沥青路面铺装，结合面层沥青混合料试验和整体铺装下渗产流、堵塞维护试验两大部分，对多层复合排水沥青路面的强度和功能性进行深入研究。同时，结合透水铺装堵塞特性试验，对透水混凝土堵塞效应影响因素及堵塞机理进行研究和分析。

(1)将 SBS 高黏度沥青作为排水沥青面层结合料，通过试配法确定不同级配下对应的沥青混合料空隙率，对比 70#基质沥青，探索 SBS 高黏度沥青混合料在水稳定度方面的性能提升，探究空隙率的不同对沥青混合料渗透系数的具体影响情况。

(2)按照 2 年、5 年、10 年、20 年、50 年一遇的情况，使用济南市暴雨公式计算得到对应的降雨量，作为人工降雨的雨强标准，依照不同的铺装结构铺设对比试验段，探究不同的铺装结构在不同的雨强条件下的下渗产流特征。①对四条试验段进行堵塞处理，探究不同的铺装结构在堵塞之后的产蓄流特征变化规律。②对四条试验段进行高压冲洗(模拟路段维护)，探究不同的铺装结构在路面维护后的产蓄流特征变化规律。

(3)研究透水铺装堵塞发生的根本原因，普通透水混凝土材料堵塞的影响因素；研究 3 种堵塞效应的因素，包括堵塞剂的种类、上部水头和水平水头的流动速度；引入电阻率法，对堵塞材料试验前后的相对渗透率进行量化分析；对高压水清洗法进行定性研究并建立堵塞模型。

(4)对 3 种孔隙率的再生骨料透水混凝土进行 4 种不同堵塞条件下的循环堵塞试验，分析再生骨料透水混凝土在粗砂堵塞、细砂堵塞、粗细砂混合堵塞条件下的水力特性，通过对比试验，研究和分析在粗砂堵塞、细砂堵塞的基本堵塞条件下的不同堵塞方式及机理。

2 现场试验条件及设备

本章主要对济南市的地理位置、地形地貌、气象水文、试验中所使用的仪器设备及试件测定进行简要介绍。将试验分为实验室内相关试验和降雨大厅相关试验两大部分。试验设备仪器的简单介绍主要包括实验室内相关试验中所需的ICT-150RB旋转压实仪、电热烘箱、沥青混合料拌和机、透水混凝土试验装置、堵塞仿真装置、径流仪、雨量计和高压水枪等。对试验的降雨条件进行设计选择及阐述试件的测定原理。

2.1 研究区概况

2.1.1 地理位置

济南位于山东省中部，南依泰山，北跨黄河，背山面水，分别与西南部的聊城、北部的德州和滨州、东部的淄博、南部的泰安交界。济南市总面积10244km^2，位于北纬36°40′，东经117°00′，地处鲁中南低山丘陵与鲁西北冲积平原的交接带上，地势南高北低。济南地形可分为三带：北部临黄带、中部山前平原带、南部丘陵山区带。山地丘陵面积3000多km^2，平原5000km^2。最高海拔1108.4m，最低海拔5m，南北高差1100多m。

2.1.2 水文气象

济南地处中纬度地带，由于受太阳辐射、大气环流和地理环境的影响，属于温带季风气候。其特点是季风明显，四季分明，春季干旱少雨，夏季温热多雨，秋季凉爽干燥，冬季寒冷少雪。年平均气温13.8℃，无霜期178天，最高气温42.5℃（1955年7月24日），最低气温零下19.7℃（1953年1月17日）。最高月均温27.2℃（7月），最低月均温–3.2℃（1月）。年平均降水量685mm。年日照时数1870.9h（2009年）。

济南冬季长达136～157天，一般在11月上旬至次年3月下旬；夏季为105～120天，一般在5月下旬至9月上旬；春、秋季最短，都不足两个月。加之三面环山的地形，令水汽和热空气回流聚集不易扩散，济南的夏季降水多于一般北方城市。

2.2　试验条件概况

2.2.1　实验室及仪器概况

2.2.1.1　试验场地概况

1) 土槽

本试验所用土槽位于水文水资源与水利工程科学国家重点实验室降雨大厅内[图 2-1(a)]，为 4 个不变坡小土槽，尺寸为 2.5m×1.9m×1m。4 个土槽原先内部填充土壤，本试验拟在 4 个土槽各铺设一条试验路段，因此将土槽内部土壤全部清除，浇筑混凝土底座和侧墙，将每个土槽隔为路段区和试验区两部分，工人降雨下渗进入铺装后从侧面水管进入试验区，流经翻斗式雨量计之后排出土槽。

2) 人工降雨设备

本试验采用水文水资源与水利工程科学国家重点实验室降雨大厅的人工降雨系统[图 2-1(b)]，该系统主要由可编程序控制器、工控机、电动调节阀、喷淋电磁阀及人工降雨测控软件组成。可根据要求控制降雨强度，其可控范围为 0～300mm/h。

(a)试验土槽

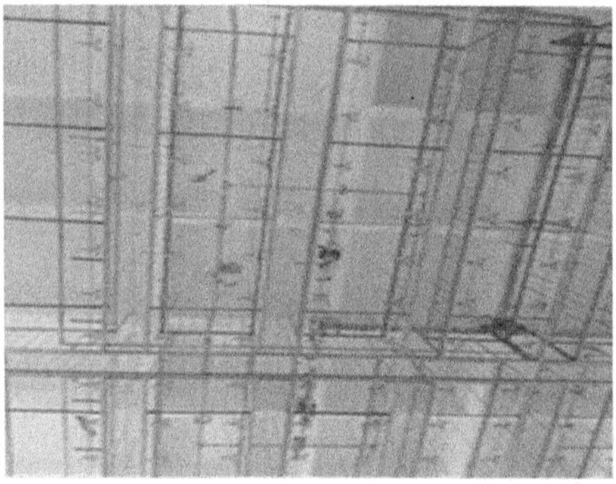

(b)人工降雨设备

图 2-1　试验土槽和人工降雨设备

2.2.1.2　试验设备仪器

有关新型排水沥青面层的强度和渗透性试验，借用河海大学土木与交通学院的道桥实验室进行相关试验。河海大学于 2000 年成立交通运输工程系，2009 年与土木工程系合并为土木与交通学院。该院道桥实验室耗资五百余万元，包括模型试验平台、公路试验平台、基础试验平台等多个平台，拥有沥青混合料拌和机、马歇尔试验仪、旋转压实仪、车辙试验仪等大型试验仪器十多部，多为国外引进的先进技术仪器，能够为本试验提供足够的技术支撑和保障。

1）ICT-150RB 旋转压实仪（研究型）

旋转压实仪用于旋转压实沥青混合料成型为试验用试件，还可以连续测量压实过程中的剪切应力，而且本型号仪器的角度调整范围也很大，能够单独控制各试验参数，该仪器完全符合 SHRP 和 EN 标准，其简单参数有：①旋转角度（内部角）为 0～50 mrad（0～3°）；②实时测量剪力，剪切强度范围为 0～600kN/m^2；③气动式垂直压力。仪器直接与电脑连接，拥有专用软件系统，试验数据实时传输和存储。成型试件为直径 150mm、高度 100～200mm 不等的圆柱体，本试验所用旋转压实仪如图 2-2 所示。

图 2-2　旋转压实仪及其软件界面

2）电热烘箱

由于沥青混合料的拌和需要在 120℃以上的高温下进行，因此粗细骨料、矿粉、沥青都需要进行事先的加热处理，需要使用电热烘箱，本试验所使用的电热烘箱体积为 1m×1.5m×1.5m，拥有辅助加热和鼓风两种辅助功能，能够在 50～300℃精确控温，每次能够加热足够制作 4 个试件的混合料。电热烘箱如图 2-3 所示。

图 2-3　电热烘箱

3) 沥青混合料拌和机

制备沥青-砂石混合料或水泥-砂石混合料试样时必不可少的拌和机械，完全满足交通运输部标准《公路工程沥青及沥青混合料试验规程》(JTG E20—2011) 的各项规定，目前已被广泛地应用于公路系统的科研、施工和监理部门的实验室中。本试验所用沥青混合料拌和机具体参数如下。

拌和容量：20L；

加热锅温度范围：室温～250℃任意设定；

控温精度：±3℃，分辨率 0.3℃；

拌和时间：1～999s 任意设定；

拌和转速：公转 (45±5) r/min，自转 (75±5) r/min。

沥青混合料拌和机如图 2-4 (a) 所示。

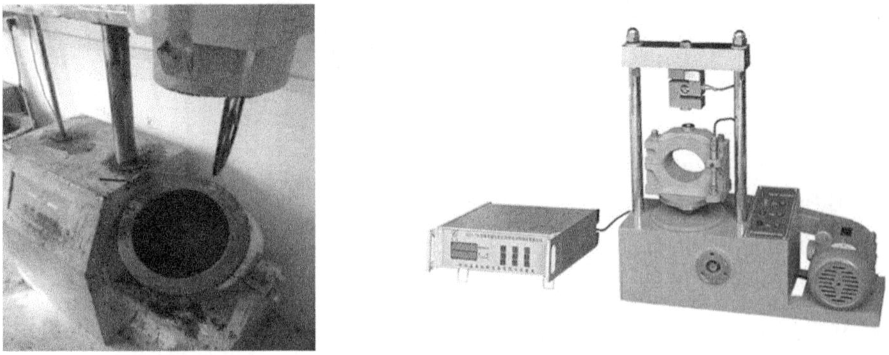

(a)沥青混合料拌和机　　(b)马歇尔试验仪

图 2-4　沥青混合料拌和机和马歇尔试验仪

4）马歇尔试验仪

马歇尔试验仪用于标准马歇尔试验和浸水马歇尔试验中稳定度和流值的测量，可以完成多种需施加垂直荷载的试验。本试验所用马歇尔试验仪从国外引进，完全满足交通运输部标准《公路工程沥青及沥青混合料试验规程》（JTG E20—2011）的各项规定。其具体参数如下。

压力测量范围：0～50kN；

分辨率：0.01kN；

流值测量范围：0～15.00mm；

工作电压：220V；

功率：0～0.5kW；

外形尺寸：50cm×34cm×72cm。

马歇尔试验仪如图 2-4（b）所示。

5）常水头渗透试验装置

尽管存在透水系数的理论推导方法，但由于其推导过程的理想化，加之质量控制的需要，对试件进行实际的透水系数测量是非常有必要的。本试验所用常水头渗透试验装置由作者自行设计制作，整个装置由水头控制部分和渗透试验部分组成，将试件放置在透水仪中，向试件施加恒定的水头降，测量所产生的渗透量，本仪器能够容纳一个旋转压实试件而不需要切割试件，且可以自行调节水头差，能够在不同的水头下测量试件垂向渗透系数。

常水头渗透试验装置及其原理如图 2-5 所示。装置分为水头控制部分和渗透试验部分，两个水槽用软管相连接。左槽拥有 4 个溢流口来控制水头高度，水流从左侧进入，通过水管进入右侧渗透试验部分，右侧中部放置试验试件，水从试

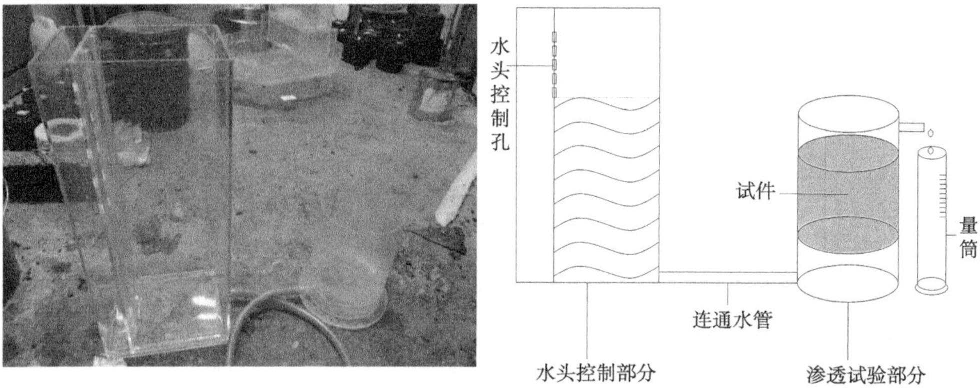

图 2-5　常水头渗透试验装置及其原理

件下方进入，上方排出，并最终溢流出右槽，用量筒计算固定时间溢流出的水量，以计算试件在垂直方向上的渗透性能。为了提高准确度，需要将试件的侧面全部蜡封防水，并封堵试件侧壁与右槽内壁的空隙。

6) 变水头渗透试验装置

试验采用变水头试验法测量渗透系数，作者自行研制了一种可排除侧壁渗漏影响的透水混凝土试件渗透系数测定装置，试验装置如图 2-6 所示。其优点是能够有效解决侧壁渗漏问题，能够针对不同混凝土试件进行调整，密封效果好。该仪器的主体结构包括有机玻璃套筒、储砂底座、出水口、PE 膜包裹层、圆柱体试件，对试件添加 PE 膜包裹层的处理是防止侧壁渗漏的主要手段，在试件外部裹上合适厚度的包裹层，使得试件与套筒间构成柔性连接，而试件内部的水无法透过 PE 膜包裹层，这能使渗流路径的问题得以解决，然后在试件与筒壁底部接触缝隙处涂抹凡士林防水，进一步解决侧壁渗漏的问题。仪器底部设计的储砂底座有一定深度，当水流携带泥沙穿出试件后，泥沙会在底座处沉积，而水则向上从出水口流出。

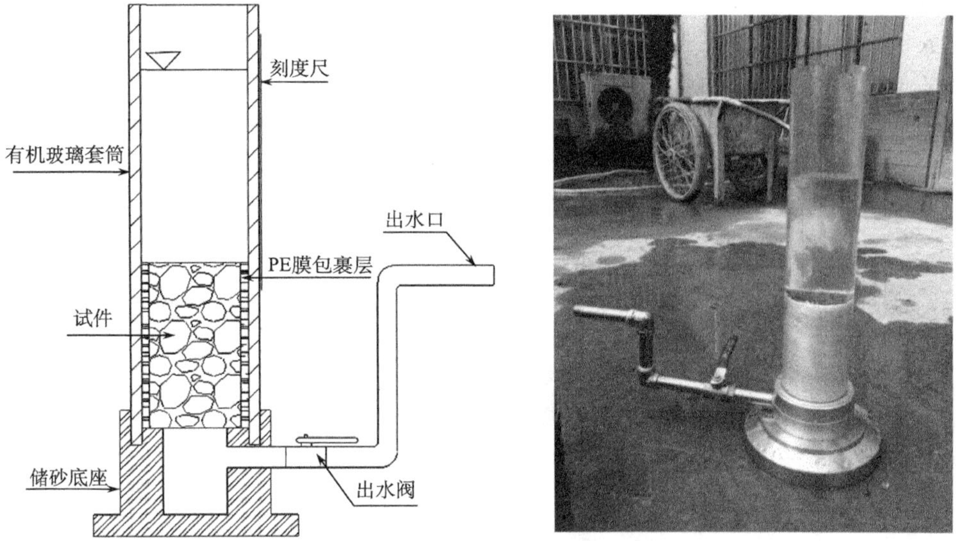

图 2-6　变水头渗透试验装置

试验测定时，将水从试件上层表面加到 255mm 处。静置 1min 后，打开出水阀，计时开始。直到水头高于样品表面 5mm 时关闭水龙头和计时器。

7) 堵塞仿真装置

试验使用了堵塞仿真装置，如图 2-7 所示。该装置主要由螺旋桨、有机玻璃套筒和排水管道三个部分组成，该装置的内部设置见图 2-8，详细示意图见图 2-9，用该方法可以获得试件的渗透率系数和电阻率。

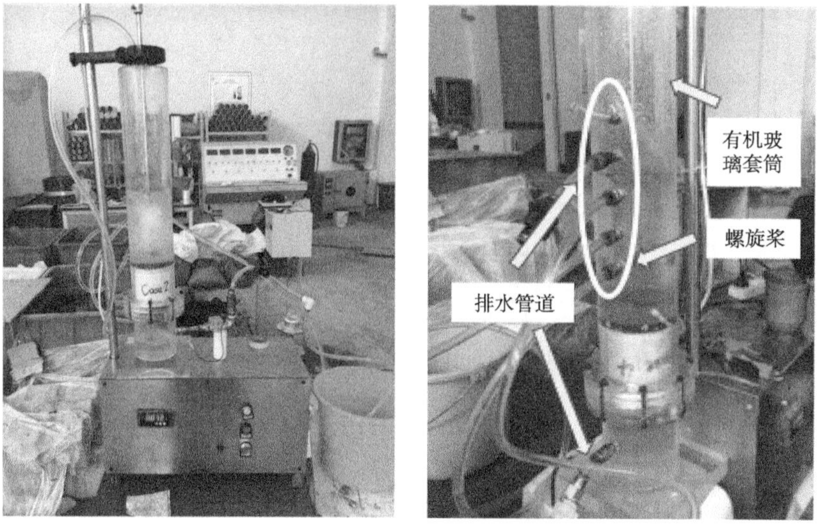

(a) 前视图　(b) 后视图

图 2-7　堵塞仿真装置

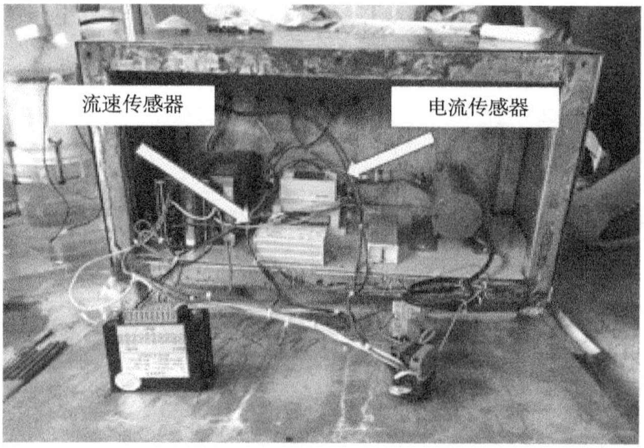

图 2-8　堵塞仿真装置的内部设置

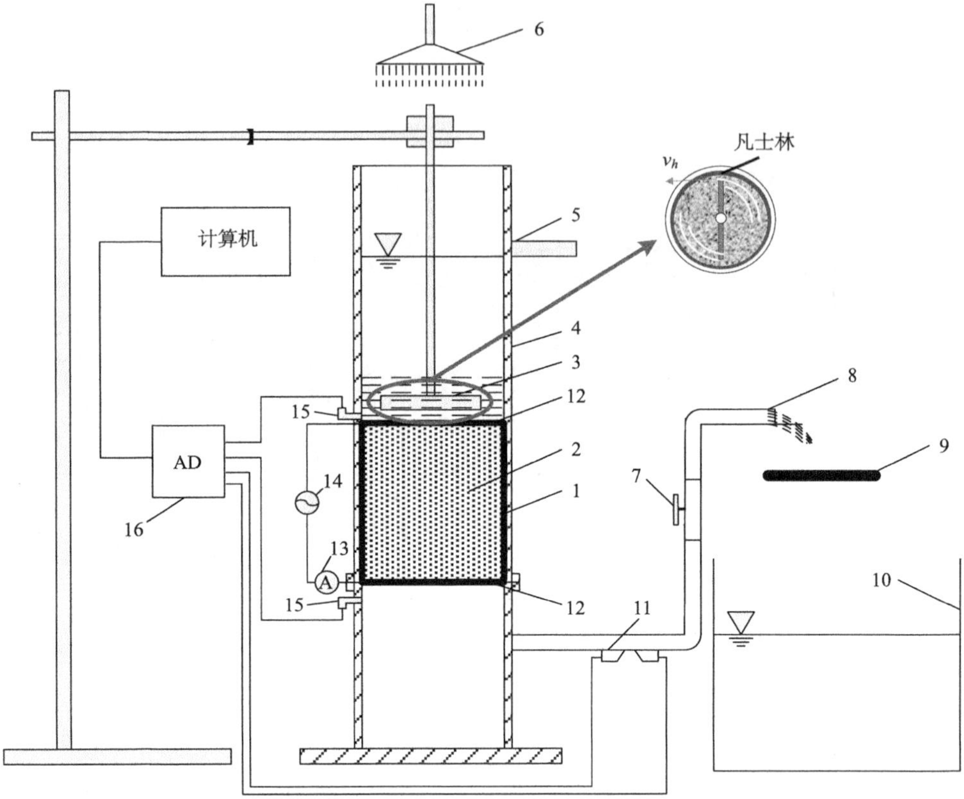

图 2-9　堵塞仿真装置详细示意图

1. 聚乙烯薄膜；2. 试件；3. 螺旋桨；4. 有机玻璃套管；5. 上部排水管；6. 喷水器；7. 阀门；8. 出水口；9. 过滤器；10. 水箱；11. 超声波速度传感器；12. 电极；13. 安培表；14. 12V 直流电源；15. 压力传感器；16. 数据采集系统

8）雨量计

所使用的雨量计为美国 Onset 公司的 HOBO RG3-M 型自计式雨量计，能够完全独立长期运行，用于确定雨强、降雨时间和时长。量程为 127mm/h，精度为 ±1%，分辨率为 0.2mm/斗，采样间隔可在 1s～18h 任意定义。每次试验结束后可以通过其自带的 U-DTW-1 防水数据读取器来读取雨量数据[图 2-10(a)]。

9）翻斗式径流仪

翻斗式径流仪用于径流量的监测，由进水口、翻斗、限位螺丝、轴承、防溅挡板、外箱、感应磁铁、数据采集器等组成。其工作原理是当一个翻斗接径流时，另一个翻斗处于等待状态。当其所接径流达到预定值时，由于重力作用翻斗翻倒到另一侧，状态互换，每次翻转都会被感应磁铁记录到数据采集器中。本试验仪器预设翻转值为 150mL/斗[图 2-10(b)]。

10) 高压水枪

本试验需要模拟路面后期维护，因此使用高压水枪来进行相关模拟，水枪压缩机在 220V 正常电压下功率为 1500W，额定压力为 7MPa，最大压力可以达到 10.5MPa[图 2-10(c)]。

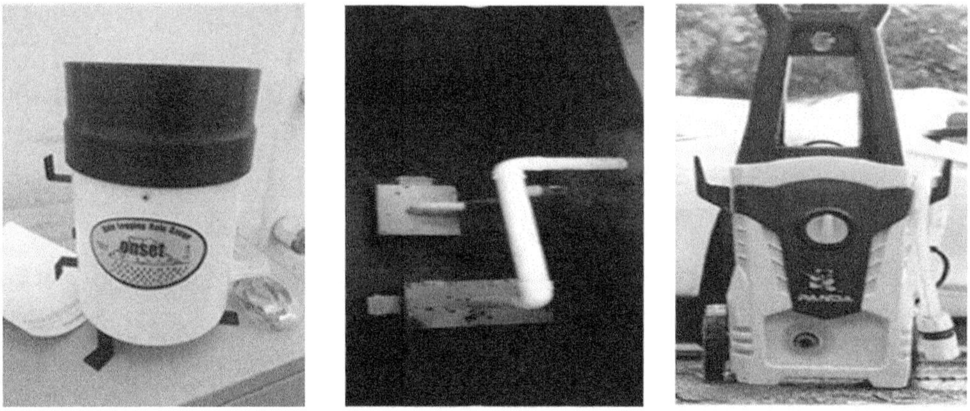

(a) 雨量计　　(b) 径流仪　　(c) 高压水枪

图 2-10　试验设备

2.2.2　降雨条件的选择及测定原理

2.2.2.1　试验降雨条件选择

大部分情况下，城市地区设计雨量计算采用暴雨强度公式，常见的暴雨强度公式形式为

$$q=\frac{167A\left(1+C\lg T\right)}{\left(t+b\right)^{n}} \tag{2-1}$$

式中，q——设计暴雨强度，L/(s·hm^2)；

T——设计暴雨重现期，a；

t——设计暴雨历时，min；

A、b、C、n——参数。

由于城市地面排水系统设计重现期较低，推求城市暴雨公式的选样方法采用年多次法或超定量法，一般平均每年选取 3～5 次降雨的时段雨量。本书使用 2014 年最新全国各城市暴雨强度公式目录中的济南市暴雨强度公式，由济南市市政工

程设计研究院用解析法导出，公式为

$$q=\frac{1869.916(1+0.7573\lg P)}{(t+11.0911)^{0.6545}} \tag{2-2}$$

根据式(2-2)分别计算济南市 2 年、5 年、10 年、20 年、50 年一遇五种重现期对应的暴雨强度，以此作为人工降雨雨强的参照标准。

2.2.2.2 空隙率的测定

为了保证试验数据的可靠性，需要对每个试件的空隙率(voidage)进行测量和计算。现行规范对于沥青混合料的空隙率试验测试有表干法、水中重法、体积法等多种方法，不同的方法均有一定的适用条件。在研究中，对于空隙率较大的排水沥青混合料(空隙率一般大于 15%)，根据规范使用体积法测定。

体积法测定试件的空隙率，首先测试试件的理论最大密度 $\rho_{\max}$ 与毛体积密度 ρ，然后用式(2-3)计算空隙率 W。

$$W=\left(1-\frac{\rho}{\rho_{\max}}\right)\times 100\% \tag{2-3}$$

式中，W——空隙率；

$\rho_{\max}$——理论最大密度；

ρ——毛体积密度。

理论最大密度 $\rho_{\max}$ 是指将沥青混合料压实至无空隙的理想密实状态下单位体积试件的质量，其测量的准确性对沥青混合料的性能确定和空隙率计算准确性有重要影响，现行规范中规定了沥青混合料的理论最大密度计算公式为

$$\rho_{\max}=\frac{100+P_a}{\dfrac{P_1}{\gamma_1}+\dfrac{P_2}{\gamma_2}+\cdots+\dfrac{P_n}{\gamma_n}+\dfrac{P_a}{\gamma_a}} \tag{2-4}$$

式中，P_a——油石比，%；

γ_a——沥青的密度，g/m^3；

P_1，…，P_n——各种矿料占矿料总质量的百分比，%；

γ_1，…，γ_n——各种矿料的密度，g/m^3。

毛体积密度 ρ 是指单位体积物质颗粒的干质量。本书使用体积法测定毛体积密度，具体步骤如下：

(1)按照试件质量，选择量程和精度适宜的电子天平。

(2)清理试件表面，称取干燥试件在空气中的质量(m_a)。

(3)用卡尺测定试件的直径(d)和高度(h)尺寸。

圆柱体试件毛体积计算公式为

$$V = \frac{\pi \times d^2}{4} \times h \tag{2-5}$$

式中，V——试件的毛体积，cm^3；

d——圆柱体试件的直径，cm；

h——试件的高度，cm。

试件的毛体积密度按式(2-6)计算，取3位小数。

$$\rho = \frac{m_a}{V} \tag{2-6}$$

式中，ρ——用体积法测定的试件的毛体积密度，g/cm^3；

m_a——干燥试件在空气中的质量，g。

2.2.2.3　水稳定性能测定

水损害是沥青路面的一种主要病害，通常在经过长期的降雨和温度变化后，即沥青路面在有水或者发生冻融循环时，车辆荷载长时间反复作用于沥青路面，使路面空隙中的水产生动水压力不断冲刷混合料，沥青和矿料间的黏结力逐渐减小，导致矿料与结合料逐渐分离，混合料松散，进而产生路面坑槽、堆积等损害。所以沥青与骨料之间的黏结性的强弱与抗剥落性的好坏直接决定沥青路面的水稳定性。因此，本书选择黏度更高的SBS改性沥青，探究SBS改性沥青对排水路面强度的提升效果。

目前我国规范中测试沥青混合料水稳定性能的试验包括浸水马歇尔试验与冻融劈裂试验，这两种方法都能比较客观地反映混合料受水影响发生破坏的过程，本章节采用浸水马歇尔试验法进行水稳定性测试[74, 75]，试验过程严格按照《公路工程沥青及沥青混合料试验规程》(JTG E20—2011)中所规定的浸水马歇尔试验规程进行操作。

2.2.2.4　渗透系数测定

尽管依照已有的文献，存在沥青混合料渗透系数的理论推导方法，但是由于其推导过程的理想化，加之质量控制的需要，对试件实施渗透系数的实际测量是必要的。总体上，存在两种常规的渗透系数的测试方法，一是常水头法，二是变化水头法。常水头法常用于实验室内部操作，而变化水头法多用于现场实地的测量。根据达西定律，渗透系数计算公式为

$$k=\frac{v}{i}=\frac{\dfrac{q}{A}}{\dfrac{h_2-h_1}{L}}=\frac{qL}{Ahw} \tag{2-7}$$

式中，v——水流速度，m/s；

i——水力梯度；

h_1——初始水头，m；

h_2——最终水头，m；

q——流量，m^3/s；

L——试样高度，m；

A——试件的横断面面积，m^2；

hw——常水头差，m。

2.3　本 章 小 结

本章对济南市的地理位置、地形地貌、气象水文等基本概况进行了论述，将试验分为实验室内相关试验和降雨大厅相关试验两大部分。介绍了试验场地中铺设的四条不同试验路段以及试验中所使用的仪器设备。根据已有研究进行了试验的降雨条件选择和阐述了试件的测定原理。

3　透水铺装面层试验研究

高黏度改性沥青这个概念是日本经过数年的实践后，在排水沥青混合料和结合料方面提出的独特的概念，这一概念目前已经被包含我国在内的东亚和东南亚地区以及荷兰等国家所熟悉与接受。通常认为，排水沥青混合料相比一般的沥青混合料更易受日光、空气、水等的影响，因此对结合料的包裹力、聚合力、高黏附性、抗剥离能力等诸多特性有更高的要求。

3.1　试 验 设 计

3.1.1　试验原理

排水沥青混合料和结合料应具有的主要特性如表 3-1 所示。

表 3-1　排水沥青混合料和结合料应具有的主要特性

项目	混合料要求的特性	结合料特性
耐候性	混合料因空隙率大，易受日光、空气等因素影响，为防止由此产生的老化，包裹骨料的结合料薄膜要有一定的厚度	使用耐候性强，能形成薄膜的高黏度结合料
耐流动性	在重交通道路上应用时，混合料应具有较高的抗塑性变形性能(不易产生车辙)	沥青结合料必须拥有较强的软化点及60℃黏度
耐水性	由于雨水等对混合料的浸透，为确保耐水性，结合料应对骨料有很好的黏附性	使用与骨料有强黏附性的结合料
骨料抗飞散性	为使混合料拥有较强稳定性，应对骨料强力黏着，使之具有高强的黏附性、包裹力	使用黏附性能较高的结合料(高抗拉强度、高韧度)

针对表 3-1 中的要求，不改性的纯沥青骨料裹覆厚度不足，不适合作为排水沥青混合料，要确保较大的空隙率比较困难。此外，它的流动性也较差，所以欧洲部分国家选择纤维、消石灰等添加剂来提高黏度，主要用在交通量较小的道路上。在基质沥青中加入橡胶和树脂等添加剂，能够提高基质沥青的软化点、增强黏韧性，使其在耐流动性和骨料抗飞散性方面显著高于基质沥青。另外，高黏度改性沥青的软化点、60℃黏度、黏韧性等都较普通沥青更高，使用时一般不需要再添加纤维材料或橡胶等添加剂就能够在保持较大空隙率的同时，得到耐久性高

的沥青混合料。

国内海绵城市的建设中，排水沥青路面的过水性能是非常重要的一个沥青强度指标，因此沥青混合料的水稳定性能成为排水沥青路面实际应用的重要考量条件。鉴于水稳定性能的重要性及受限的试验条件，本书在进行高黏度沥青强度研究时重点放在水稳定性能的测试上。功能性研究方面，重点在于排水沥青混合料透水性能的测试。研究和工程经验均表明，在沥青路面不渗水或者渗水后能够迅速排水的情况下，不易产生水损坏，但是沥青路面是由粗细骨料以及沥青共同作用产生的混合物，势必会产生大量空隙，也就会截流进入材料内部的水，因此空隙率成为路面渗水、排水的关键。空隙率是沥青混合料的一个重要指标。沥青混合料的空隙根据是否与外界连通分为闭口空隙、半连通空隙和连通空隙。闭口空隙指的是不与外界连通、完全闭合的空隙；半连通空隙指的是一端与外界连通，另一端封闭的空隙；连通空隙指的是两端都与外界连通的空隙。

透水路面之所以能够使路表水透过沥青混合料面层，主要是三种空隙中的连通空隙在起作用，因此，连通空隙率的大小与排水路面性能的好坏有着直接的关系。

根据之前已有的研究，渗透系数 k 与空隙率 W 存在如下关系：

$$k = 0.001375W^2 - 0.01794W + 0.05827 \tag{3-1}$$

式中，k——渗透系数；

W——空隙率。

空隙率与连通空隙率也存在比较高的相关性，根据已有研究，有如下式：

$$W_1 = 0.9363W - 2.3676 \tag{3-2}$$

式中，W_1——连通空隙率。

以上公式都是在试验条件下得出的经验公式，尽管连通空隙率与总空隙率有非常显著的线性关系，但是两者之间不能互相代替。实际试验也表明，在总空隙率相同的情况下，连通空隙率也会有 2%～5%的差异，这对排水性能的影响是十分显著的。

空隙率影响排水路面的排水性，同时，也对沥青混合料的抗水损坏性能有着直接的影响，水损坏是排水沥青路面在使用过程中产生损坏最常见的形式，因此水稳定性是排水沥青混合料设计的一个非常重要的指标。一般情况下，认为路面空隙率越大，排水功能越强，抗水损坏性能和耐久性越弱，反之亦然。因此，排水沥青铺装一般很难应用到强度要求较高的公路铺装中，要弥补这种损失，采用优质的沥青结合料是很好的办法，本书计划采用 SBS 高黏度改性沥青来进行相关的研究。

3.1.2 试验方案设计

3.1.2.1 试验原材料

沥青混合料是一种复合材料，主要由粗骨料、细骨料、沥青、矿粉组成，部分特殊沥青混合料还加入聚合物和木纤维素。这些不同性质和质量的材料混合形成不同的结构，也会具有不同的表观特征和力学性质。本书所制作的沥青混合料由粗骨料、细骨料、沥青、矿粉四种材料组成。

1）沥青

沥青是沥青混合料的结合料，骨料在沥青的作用下胶结为一体。本书所使用的沥青材料有两种，分别为 SBS 高黏度改性沥青和 70#基质沥青，经测量其各项指标均满足试验和应用规范《透水沥青路面技术规程》(CJJ/T 190—2012）的要求，可以作为本次研究的原材料，具体参数见表 3-2。

表 3-2 试验沥青结合料具体参数

技术指标		试验结果		试验方法
		70#基质沥青	SBS 高黏度改性沥青	
针入度(25℃,100g,5s)/0.1mm		64	53	T0604—2011
延度(5℃,5cm/min)/cm			30	T0605—2011
延度(10℃,5cm/min)/cm		25		T0605—2011
延度(15℃,5cm/min)/cm		≥150		T0605—2011
软化点(环球法)/℃		47	74.5	T0606—2011
针入度指数 PI		–0.7	0.2	T0604—2011
闪点(克利夫兰开口杯法)/℃		284	290	T0611—2011
黏度(135℃,布氏旋转黏度)/(Pa·s)			1.8	T0620—2000
含蜡量(蒸馏法)/%		2		T0615—2011
溶解度(三氯乙烯)/%		99.84	99.78	T0607—2011
密度(15℃)/(g/cm^3)		1.037	1.039	T0603—2011
弹性恢复(25℃)/%			95.8	T0662—2000
离析、软化点差/℃			1.6	T0661—2011
重量损失(%)		–0.08	–0.1	T0609—2011
针入度比/%		70.3	84.9	T0604—2011
薄膜加热后(163℃，5h)	延度(5℃,5cm/min)/cm		24	T0605—2011
	延度(10℃,5cm/min)/cm	7		T0605—2011
	延度(15℃,5cm/min)/cm	52		T0605—2011

2) 粗骨料、细骨料和矿粉

粗骨料、细骨料和矿粉是沥青混合料的骨架构成，通过互相之间的嵌挤作用为沥青混合料提供强度支撑，因此在描述时将三者合并在一起。粗骨料的传统定义是保留在 4.75mm 筛网上的颗粒，细骨料被定义为通过 4.75mm 筛网的骨料。本书所使用的粗细骨料为玄武岩骨料，在实验室内进行人工筛分，按照不同的粒径分为 1#(＞9.5mm)、2#(4.75～9.5mm)、3#(2.36～4.75mm)、4#(＜2.36mm)和矿粉 5 种标号的骨料，由粗细骨料定义可知，1#和 2#是不同粒径的粗骨料，3#和 4#是不同粒径的细骨料，各种骨料、矿粉及其筛分结果如表 3-3 和图 3-1 所示。

表 3-3　粗细骨料和矿粉筛分结果

骨料类型	筛孔尺寸/mm									
	16	13.2	9.5	4.75	2.36	1.18	0.5	0.3	0.15	0.075
1#	100	100	4.3	0	0	0	0	0	0	0
2#	100	100	98.5	5.3	0.1	0	0	0	0	0
3#	100	100	100	100	6.8	0	0	0	0	0
4#	100	100	100	100	97.2	58.6	37.6	37.4	13.3	4.3
矿粉	100	100	100	100	100	100	100	97	94	82

图 3-1　筛分好的 4 种骨料

3.1.2.2　初试级配和最终级配确定

排水沥青混合料具有较大的空隙率，一般为 15%～25%。混合料的空隙率主要取决于骨料的级配组成和颗粒形状、沥青含量以及混合料的压实方式。其中，骨料级配组成是控制混合料空隙大小的首要因素。本书拟在 15%～25%的区间内制作 9 组不同空隙率的试件进行对比试验，虽然已有相关文献对级配和空隙率进行大量研究，但由于前述影响空隙率的因素在不同的试验材料及方法中都存在差异，因此要精确实现不同空隙率的控制，需要重新确定具体的级配。本书采用试配法，即参考文献[76]、[77]的级配，选择 4 种不同的级配，利用旋转压实仪压实 100 次成型，并测量其空隙率，利用 2.36mm 筛网的上限通过率、中间通过率与下限通过率，建立空隙率与 2.36mm 筛网通过率的曲线关系，然后根据设计空隙率，寻找对应的 2.36mm 筛网通过率，再进行相应微调，最终确定产生 9 种不同空隙率的具体级配。

3.1.3 试验步骤

3.1.3.1 最终级配和对应空隙率确定

(1)参考已有文献，进行 4 组初试级配试件的制作，每种级配下制作 3 个试件，共制作旋转压实试件 12 个，并用 2.2.2.2 节中的体积法测定 12 个试件的空隙率，相同的级配下取 3 个试件空隙率的平均值作为该种级配对应的空隙率(实际结果证明相同级配相同材料下试件空隙率相差不大)。具体用量和最终产生的空隙率如表 3-4 所示。

表 3-4 初试试验材料用量和空隙率

骨料类型	用量设计			
	1	2	3	4
1#	0.36	0.4	0.38	0.34
2#	0.45	0.45	0.46	0.42
3#	0.04	0.02	0.04	0.1
4#	0.12	0.1	0.08	0.1
矿粉	0.03	0.03	0.04	0.04
沥青用量/%	4.80	4.00	4.30	4.67
空隙率/%	12.8	20	15.5	17.8

(2)在获得上述数据后，调整 2.36mm 筛网通过率来获取不同的级配，同时制作对应的试件并测量其空隙率的数值，最终获得 9 种不同级配情况下对应的不同空隙率，空隙率的数值分布在 15%～25%。最终用量和空隙率情况如表 3-5 所示，级配和空隙率情况如表 3-6 所示，图 3-2 为 9 种级配对应的试件。

表 3-5　最终 9 种骨料沥青用量和对应空隙率

编号	1#	2#	3#	4#	矿粉	沥青用量/%	空隙率/%
1	0.34	0.44	0.09	0.09	0.04	4.54	21.8
2	0.34	0.42	0.1	0.1	0.04	4.67	15.8
3	0.34	0.46	0.08	0.08	0.04	4.42	20.6
4	0.33	0.36	0.16	0.11	0.04	4.83	18.4
5	0.32	0.42	0.11	0.11	0.04	4.80	16.2
6	0.34	0.45	0.1	0.08	0.03	3.72	23.7
7	0.36	0.46	0.04	0.1	0.04	4.63	23.4
8	0.32	0.4	0.12	0.11	0.05	5.50	17.9
9	0.34	0.44	0.12	0.07	0.03	3.62	23.4

表 3-6　9 种试验试件骨料级配和对应空隙率

编号	16mm	13.2mm	9.5mm	4.75mm	2.36mm	1.18mm	0.5mm	0.3mm	0.15mm	0.075mm	空隙率/%
1	100	100	66.802	24.332	13.404	9.274	7.384	7.246	4.957	3.667	21.8
2	100	100	66.832	26.226	14.442	9.86	7.76	7.62	5.09	3.71	15.8
3	100	100	66.772	22.438	12.366	8.688	7.008	6.872	4.824	3.624	20.6
4	100	100	67.879	32.908	15.816	10.446	8.136	7.994	5.223	3.753	18.4
5	100	100	68.746	28.226	15.482	10.446	8.136	7.994	5.223	3.753	16.2
6	100	100	66.787	23.385	11.501	7.688	6.008	5.902	3.884	2.804	23.7
7	100	100	64.858	20.438	14.038	9.86	7.76	7.62	5.09	3.71	23.4
8	100	100	68.776	30.12	16.548	11.446	9.136	8.964	6.163	4.573	17.9
9	100	100	66.802	24.332	10.664	7.102	5.632	5.528	3.751	2.761	23.4

图 3-2　9 种级配对应的试件

3.1.3.2 水稳定性能测试

(1)沥青使用 SBS 高黏度改性沥青，其他按照 9 种级配和用量，每种级配制作 2 组试件，每组 2 个，共制作 36 个旋转压实试件，每种级配作为 1 次试验，一共 9 次试验。每次试验准备两组相同的试件，一组按照标准马歇尔试验在(60±1)℃的恒温水槽中保温 30min，然后测其稳定度 $MS_{0.5}$；另一组在(60±1)℃的恒温水槽中保温 48h，然后测其稳定度 MS_{48}。用 $MS_{0.5}$ 和 MS_{48} 的比值来评价混合料的水稳定性，残留稳定度越高，混合料水稳定性越好，公式为

$$MS_{残}=\frac{MS_{0.5}}{MS_{48}}\times 100\% \tag{3-3}$$

式中，$MS_{残}$——试件的残留稳定度，%；

MS_{48}——试件浸水 48h 后的稳定度，kN；

$MS_{0.5}$——试件浸水 30min 后的稳定度，kN。

(2)沥青使用 70#基质沥青，其他按照 9 种级配和用量，每种级配制作 2 组试件，每组 2 个，共制作 36 个旋转压实试件，每种级配作为 1 次试验，一共 9 次试验。试验方法同(1)中所述，获得在基质沥青作为结合料情况下的水稳定性能试验数据。

3.1.3.3 渗透系数测定

(1)因渗透系数受沥青混合料的空隙率大小影响较大，而受结合料种类的影响很小，因此，本书只测定使用 SBS 高黏度改性沥青的沥青混合料的渗透系数，而没有像 2.2 节中使用 2 种不同的结合料。

(2)沥青使用 SBS 高黏度改性沥青，其他按照 9 种级配和用量，每种级配制作 1 个试件，共制作 9 个试件，每种级配(即每个试件)作为 1 次试验，一共需要进行 9 次试验。

(3)每次试验进行之前需要先用液态石蜡将试件侧面全封闭防水，再将试件放入水槽中，在上下表面与槽壁接触的边缘涂抹液态石蜡，防止水从壁缝中通过，影响试验结果准确度。

(4)变换溢流口来控制水头高度，分别为 2cm、4cm、6cm、8cm，每种水头高度在出流水流稳定后开始用量筒接水，计算 30s 内所接的水量，计算不同水头高度下的渗透系数，取结果最合理的值作为最终的渗透系数。

3.2　SBS 高黏度改性沥青混合料水稳定性能研究

根据上述试验方案和步骤，分别使用 SBS 高黏度改性沥青和 70#基质沥青两种沥青结合料，对最终选定的 9 种级配制成的试件进行浸水马歇尔试验，多组试验后的浸水马歇尔稳定度见表 3-7。表中的空隙率和浸水马歇尔稳定度都为多组相同试件试验数据平均值。

表 3-7　浸水马歇尔稳定度

沥青混合料类型	空隙率/%	浸水马歇尔稳定度/kN
70#基质沥青	21.5	2.00
	16.3	2.50
	20.2	2.15
	18.5	2.31
	15.5	2.66
	24.1	1.91
	23.7	1.84
	16.8	2.53
	23.1	1.87
SBS 高黏度改性沥青	21.8	6.23
	15.8	6.83
	20.6	6.27
	18.4	6.43
	16.2	6.78
	23.7	6.13
	23.4	6.01
	17.9	6.44
	23.4	6.07

试验中分别获得试件浸水 30min 和 48h 的稳定度后，按照公式(3-3)计算得到试件的残留稳定度，见表 3-8。

表 3-8　残留稳定度试验数值

沥青混合料类型	空隙率/%	残留稳定度/%
70#基质沥青	21.5	58.4
	16.3	65.1
	20.2	60.2

续表

沥青混合料类型	空隙率/%	残留稳定度/%
70#基质沥青	18.5	62.4
	15.5	65.7
	24.1	60.3
	23.7	59.3
	16.8	66.3
	23.1	59.1
SBS 高黏度改性沥青	21.8	86.9
	15.8	89.7
	20.6	87.3
	18.4	87.0
	16.2	88.5
	23.7	86.7
	23.4	86.5
	17.9	87.8
	23.4	85.7

为了方便进行后期数据分析，本书按照变量控制，逐一分析与水稳定性能有关的各项变量的影响机制，分为：①70#基质沥青空隙率对水稳定性能影响分析；②SBS 高黏度改性沥青空隙率对水稳定性能影响分析；③不同沥青结合料对水稳定性能影响分析。

3.2.1 70#基质沥青空隙率对水稳定性能的影响分析

按照表 3-7 和表 3-8 中的数据，得到图 3-3 所示的 70#基质沥青空隙率和浸水马歇尔稳定度关系图、图 3-4 所示的空隙率和残留稳定度关系图。

由图 3-3 和图 3-4 可以看出，对于 70#基质沥青混合料，其浸水马歇尔稳定度和残留稳定度都随着空隙率的增大有减小的趋势，且浸水马歇尔稳定度的线性降低趋势更加明显和规律，同时也意味着 70#基质沥青混合料的水稳定性能随着空隙率的增大而减小。其中浸水马歇尔稳定度的最高值和最低值相差 0.82kN，残留稳定度最高值和最低值相差 7.9%。必须指出的是，在空隙率大于 23%的空隙率区间内，浸水马歇尔稳定度和残留稳定度都有上升的趋势，造成这种结果的原因，很有可能是在进行恒温浸泡保温的时长没有达到充足的 48h，导致其浸水马歇尔稳定度测定值偏高，残留稳定度的值相对偏高。

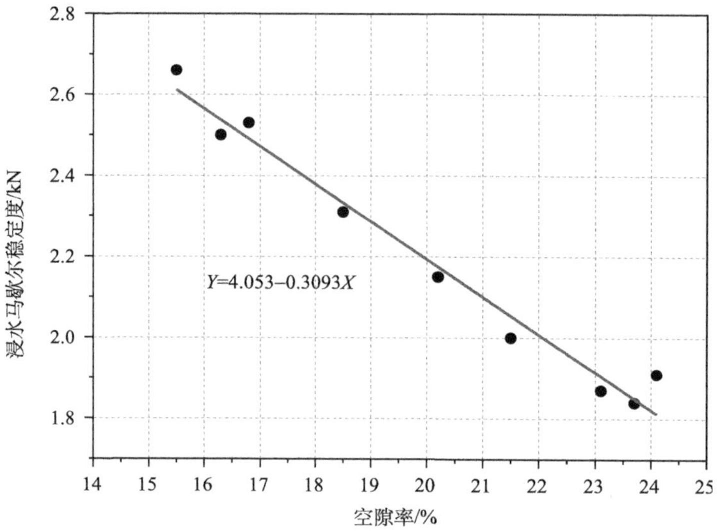

图 3-3　70#基质沥青混合料空隙率和浸水马歇尔稳定度关系图

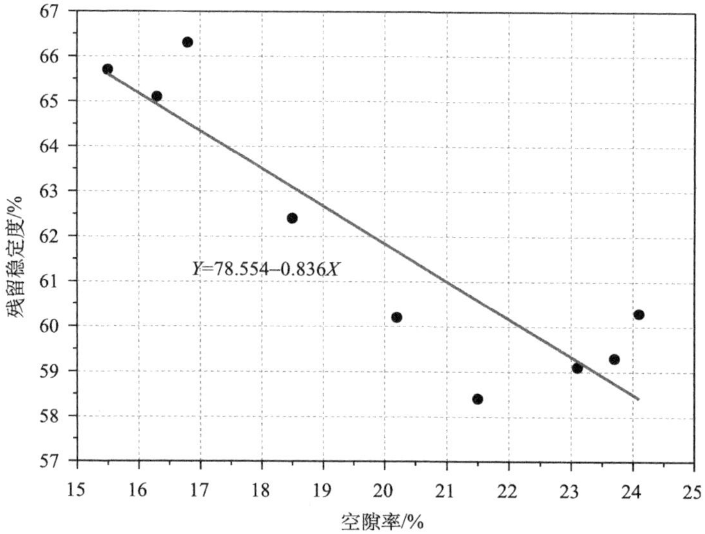

图 3-4　70#基质沥青混合料空隙率和残留稳定度关系图

3.2.2　SBS 高黏度改性沥青空隙率对水稳定性能的影响分析

按照表 3-7 和表 3-8 中的数据，可以得到 SBS 高黏度改性沥青空隙率和浸水马歇尔稳定度关系图及空隙率和残留稳定度关系图，分别如图 3-5 和图 3-6 所示。

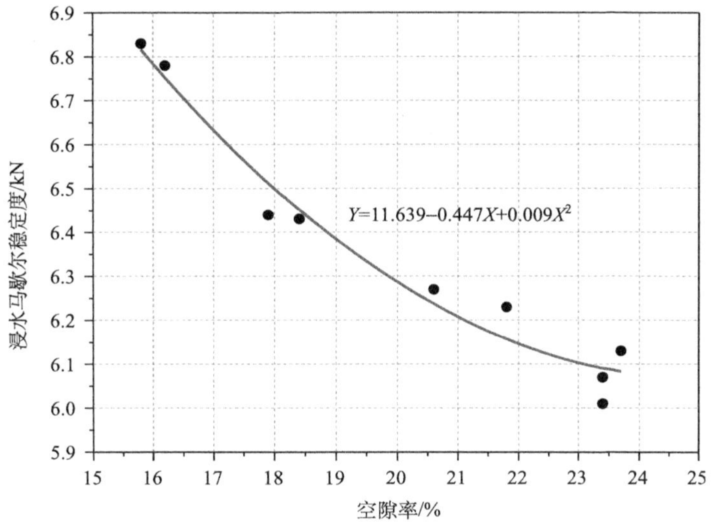

图 3-5　SBS 高黏度改性沥青混合料空隙率和浸水马歇尔稳定度关系图

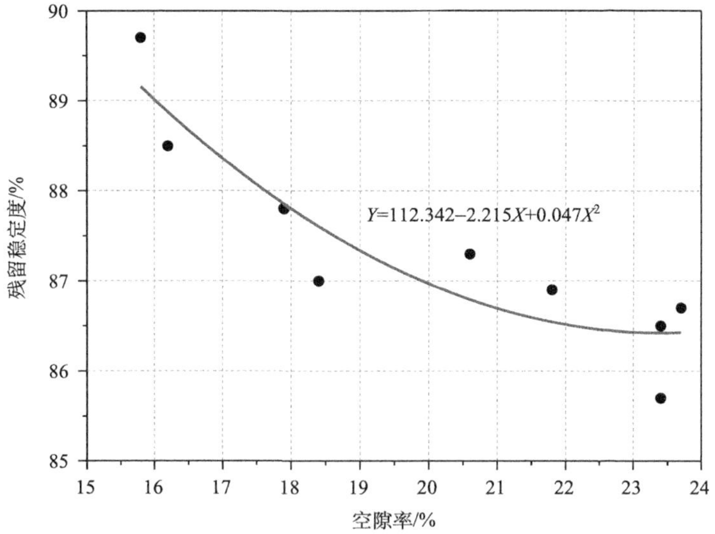

图 3-6　SBS 高黏度改性沥青混合料空隙率和残留稳定度关系图

由图 3-5 和图 3-6 可以看出，与 70#基质沥青混合料相同，SBS 高黏度改性沥青混合料的浸水马歇尔稳定度和残留稳定度都随着空隙率的增大而减小，也意味着水稳定性能的降低。值得注意的是，相对于 70#基质沥青的线性下降趋势，SBS 高黏度改性沥青两种指标的下降都呈现下凹抛物线的形式，这也就意味着随着空隙率的增大，其混合料水稳定度的下降速率越来越慢，大空隙率所造成的强度损失也越来越小。其中浸水马歇尔稳定度的最高值和最低值相差 0.82kN，与 70#基质沥青混合料相同，残留稳定度最高值和最低值相差 4%，是 70#基质沥青混合料的一半左右。这些都证明 SBS 高黏度改性沥青的使用有效缓解了沥青混合料水稳定性能损失的速率。

3.2.3　不同沥青结合料对水稳定性能的影响分析

3.2.1 节和 3.2.2 节分别对两种沥青结合料在大空隙沥青混合料中的表现进行分析，本章节将两者的试验数据放在一起，综合来看不同沥青结合料对水稳定性能的影响。图 3-7 和图 3-8 分别是两种沥青混合料浸水马歇尔稳定度对比图和残留稳定度对比图。

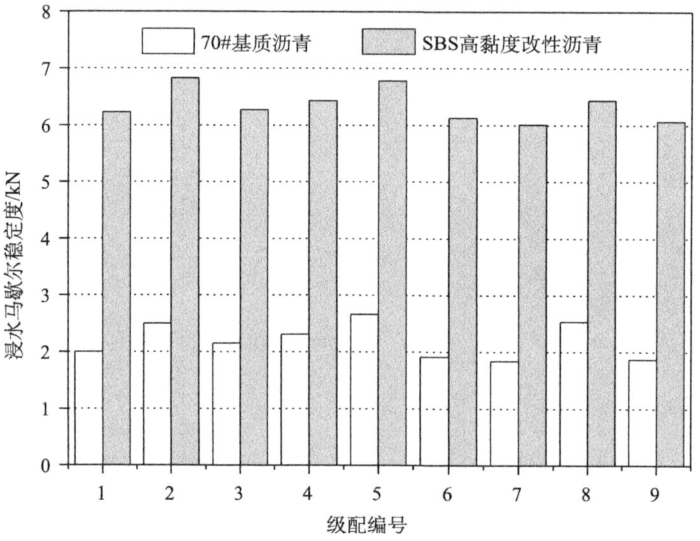

图 3-7　两种沥青混合料浸水马歇尔稳定度对比图

从图 3-7 和图 3-8 可以看出，在相同的空隙率下(即配合比相同)，SBS 高黏度改性沥青混合料的浸水马歇尔稳定度和残留稳定度都要高于 70#基质沥青，其中浸水马歇尔稳定度普遍高出 2～3 倍，残留稳定度普遍高 40%～50%，根据 2012 年住房和城乡建设部出台的《透水沥青路面技术规程》(CJJ/T 190—2012)，排水沥青面层混合料的马歇尔稳定度要求大于 5kN，残留稳定度大于 85%，而对于使用 SBS 高黏度改性沥青的混合料，空隙率在 15%～25%的试验结果都能够满足最低要求，表明 SBS 高黏度改性沥青具有很强的包裹力、聚合力和高黏附性，它的应用能够大幅提升排水沥青面层混合料的强度，使得在实际的应用之中，能够将

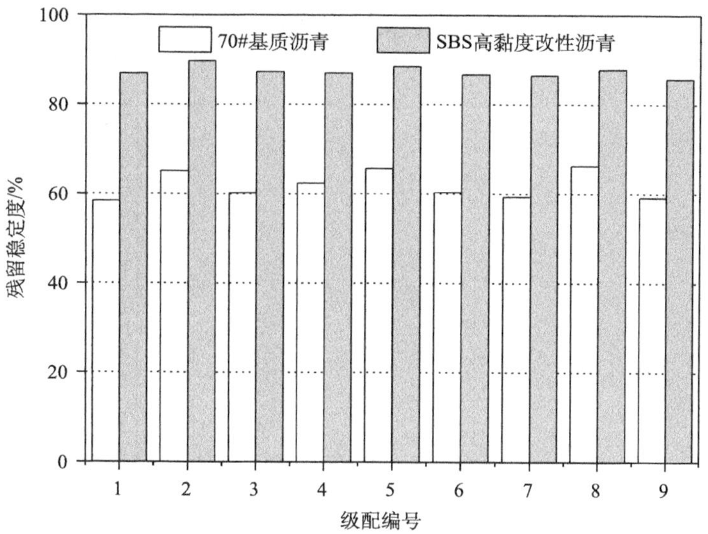

图 3-8 两种沥青混合料残留稳定度对比图

面层的空隙率选择范围扩大到 25%左右，这为实际建设中海绵城市路面面层的结构设计提供了极大的便利。

3.3 SBS 高黏度改性沥青混合料透水性能研究

根据多年的工程和研究实践发现，当沥青路面路表做到完全不渗水或者渗水但能够迅速将进入沥青内部的水全部排走时，沥青路面受水的损害程度很小。作为雨水降落到地面的第一层接触介质，排水沥青面层的透水性能决定着整个铺装结构的过水能力，而面层混合料的透水性能又由空隙率的大小决定，因此，本章节利用可调水头的常水头渗透试验装置试验所得数据，分析 SBS 高黏度改性沥青透水性能的规律。

3.3.1 水头差对渗透系数的影响研究

为确保所获得渗透系数的准确性，本书提供了 2cm、4cm、6cm、8cm 4 种水头高度，试验中发现同样的试件在 4 种水头下的渗透系数并不像猜想中的一样保持相同，表 3-9 和图 3-9 为在 9 次试验中选取 4 次最具代表性的试验结果。

表 3-9　不同水头差下渗透系数测试表

空隙率/%	水头差/mm	渗透系数/(cm/s)
15.8	20	0.20
	40	0.13
	60	0.12
	80	0.11
17.9	20	0.25
	40	0.19
	60	0.18
	80	0.17
20.6	20	0.31
	40	0.26
	60	0.24
	80	0.22
23.7	20	0.48
	40	0.43
	60	0.40
	80	0.38

由表 3-9 和图 3-9 可以看出，随着水头差的增大，渗透系数不断减小，最终趋于缓和。且在水头差小于 50mm 时，渗透系数的变化幅度非常大，当水头差大于 50mm 时，渗透系数变化平缓且不明显。出现这种情况的原因可能是：渗透系数是依赖达西定律而被定义的系数，一般多空隙沥青混合料试件在成型之后就应该具有确定的渗透系数，达西定律有一个适用范围，即水流保证为层流状态，也就是说在进行渗透系数试验时要保证进入测试试件内部的水流状态为层流状态，此时流动受黏滞力控制，而液体惯性作用极小，如果渗流变成紊流，材料的黏滞力相对较小，液体在空隙内流动受到的约束减小，此时的渗透系数也会有很大的误差。当水头差小于 50mm 时，则认为试件内部水流未能达到层流状态，此时得到的渗透系数波动较大，而如果继续加大试件的水头差，水流很可能进入紊流状态，其结果也不可取，因此在本书中，把水头差为 60mm 时得到的渗透系数作为在该种空隙率下试件的确定渗透系数。

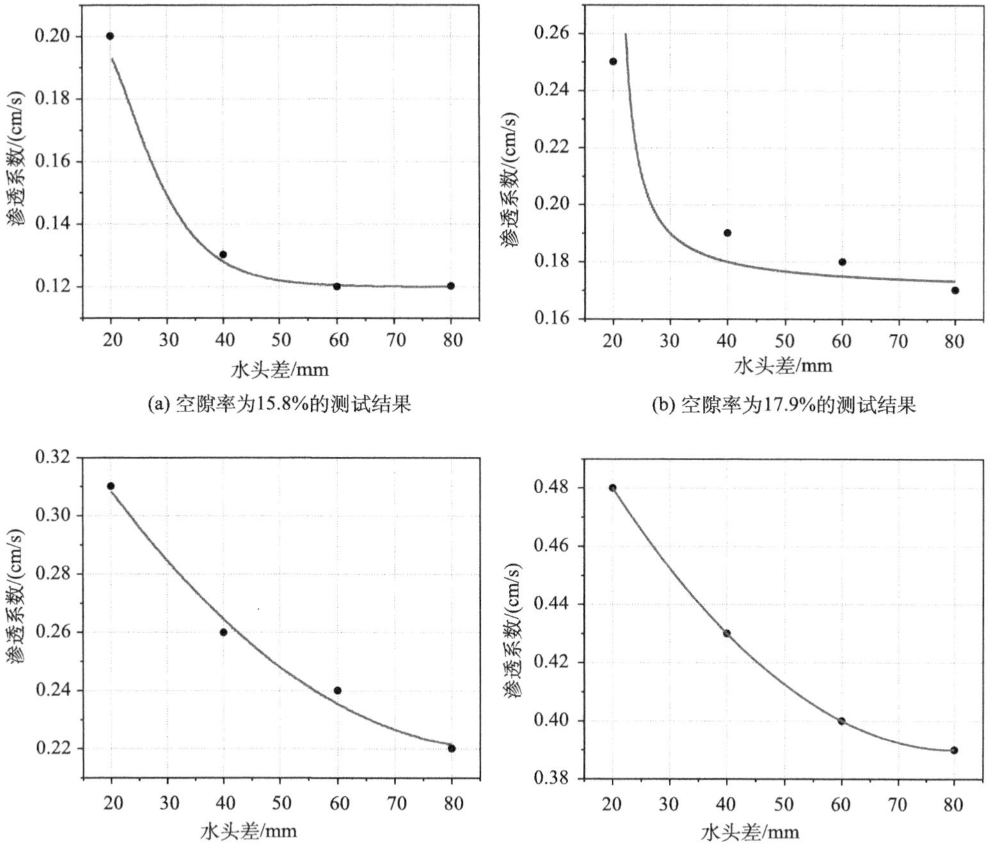

(a) 空隙率为15.8%的测试结果　(b) 空隙率为17.9%的测试结果

(c) 空隙率为20.6%的测试结果　(d) 空隙率为23.7%的测试结果

图 3-9　不同水头差下渗透系数测试结果

3.3.2　空隙率对渗透系数的影响研究

用 9 组最终级配成型试件，取 60mm 水头差的渗透系数，获得 SBS 高黏度改性沥青混合料不同空隙率下的渗透系数，具体数据见表 3-10。

表 3-10　不同空隙率下渗透系数测试结果

级配	空隙率/%	渗透系数/(cm/s)
1	21.8	0.26
2	15.8	0.12
3	20.6	0.24
4	18.4	0.16
5	16.2	0.15

续表

级配	空隙率/%	渗透系数/(cm/s)
6	23.7	0.40
7	23.4	0.34
8	17.9	0.18
9	23.4	0.32

将以上结果制成空隙率和渗透系数关系图，如图 3-10 所示。

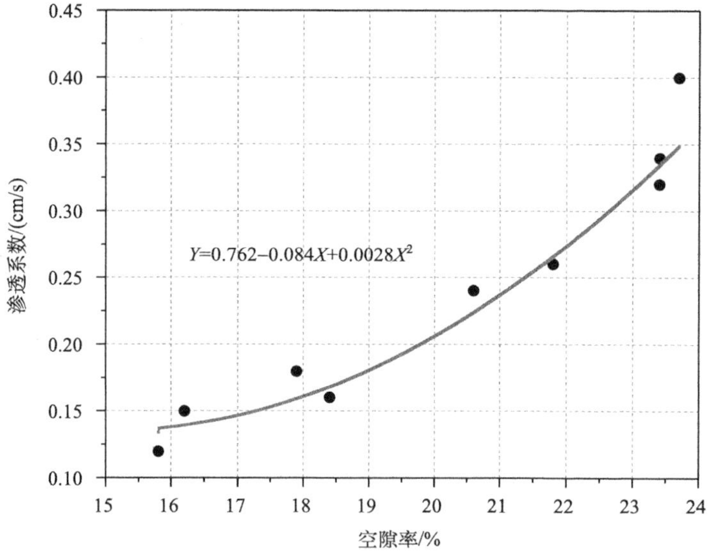

图 3-10　不同空隙率下渗透系数统计图

从表 3-10 和图 3-10 可以看出，随着空隙率的增大，渗透系数也随之增大，且增长的速度越来越快，空隙率在 24%时的渗透系数比空隙率为 16%时的渗透系数高 3 倍，这表明在满足规范的强度要求下，提高排水沥青铺装的面层空隙率能够使透水效率显著提高，而使用 SBS 高黏度改性沥青也大大提高了空隙率的选择范围。另外需要注意的是，在空隙率为 16%和 23.5%左右时虽然空隙率相差不大，但试验获得的渗透系数有着较大差异，这种情况的出现有部分原因在于 3.2.1 节中所述的试验误差，但更重要的原因在于空隙率的性质不同。密级配沥青混凝土由于细骨料较多，空隙多为闭合空隙，试件并不渗水；而对于同样空隙率的排水沥青面层级配，由于粗骨料较多，连通空隙居多，增加了渗水的可能。所以，出现相同空隙率对应不同的渗透系数也不是没有可能，只要通过合理的级配和合适的材料就能尽量避免闭合空隙的产生。

3.4　本章小结

本章主要论述了实验室内相关试验的研究分析，包括不同空隙率下SBS高黏度改性沥青面层混合料的水稳定性能评估，SBS高黏度改性沥青混合料相比70#基质沥青混合料的强度提高效果，以及SBS高黏度改性沥青混合料不同空隙率的透水性能的相关研究。结果表明：

(1)无论是70#基质沥青还是SBS高黏度改性沥青，其水稳定性能都随着空隙率的增大而减小。70#基质沥青的水稳定性能降低呈直线线性关系，SBS高黏度改性沥青的水稳定性能呈下凹曲线关系，其中不同空隙率的70#基质沥青混合料浸水马歇尔稳定度的最高值和最低值相差0.82kN，残留稳定度最高值和最低值相差7.9%，而SBS高黏度改性沥青混合料浸水马歇尔稳定度的最高值和最低值相差0.82kN，与70#基质沥青混合料相同，残留稳定度最高值和最低值相差4%，比70#基质沥青混合料降低50%左右。证明SBS高黏度改性沥青的使用有效减缓了沥青混合料水稳定性能损失的速率。

(2)SBS高黏度改性沥青的使用显著增强了排水沥青面层混合料的水稳定性能。其中浸水马歇尔稳定度普遍比70#基质沥青混合料高出2～3倍，残留稳定度普遍高40%～50%，且SBS高黏度改性沥青的使用达到了2012年住房和城乡建设部出台的《透水沥青路面技术规程》(CJJ/T 190—2012)的相关技术要求，表明SBS高黏度改性沥青能够将面层的空隙率选择范围扩大到25%左右，这在海绵城市的建设中根据实际情况而有着更加丰富的选择。

(3)常水头渗水试验装置随着水头差的增大，渗透系数不断减小，最终趋于缓和。出现这种情况的原因在于需要确保通过试件的水流为层流状态，而过小或过大的水头差都不能满足，因此本书选择60mm水头差得到的渗透系数为确切的渗透系数。

(4)随着空隙率的增大，SBS高黏度改性沥青混合料渗透系数也随之增大，且增长的速度越来越快。这表明在满足规范的强度要求下，提高排水沥青铺装的面层空隙率能够使透水效率显著提高。同时发现尽管拥有相同空隙率，其试件的渗透系数也会有较大差异，这与空隙的性质有密切关系，要通过合理的级配和合适的材料尽量避免闭合空隙的产生。

4　透水铺装下渗产流试验研究

在第 3 章中，主要针对排水沥青铺装的面层结构——大空隙沥青混合料进行相关的强度和功能性方面的研究。虽然面层结构在排水过程中发挥着重要作用，但好的整体结构架设能够放大面层的效能优点，弥补面层的不足，因此整体结构也是排水沥青路面结构不可忽视的重要一点，本章通过多条试验路段的降雨试验，研究多层排水沥青铺装的下渗产流，分析评估排水、滞洪和滤水效果。

4.1　试 验 设 计

4.1.1　试验原理

一般当排水沥青路面从降雨开始到产生路表径流，会经历以下的流动历程：

(1) 湿润沥青表面。沥青是一种憎水材料，其湿润角一般情况下大于 90°，因此雨水在刚开始与沥青接触时先分散在沥青材料的表面，并且沿着表面移动，最终会在沥青的表面产生一层极薄的水膜。

(2) 填充表面构造。排水沥青表面并不是光滑的，会有凹凸不平的沟槽，在表面移动的水膜会首先将这些不平的沟槽填充饱满。

(3) 形成不饱和流动。如图 4-1 所示，沥青膜表面流淌着一层水膜，水膜表面尚存在水气界面。图中，u_s 为逼近速度，$\bar{u}$ 为水膜流动速率，$\bar{u}=u_p/S_e$，u_p 为空隙速度，$u_p=u_s/\varepsilon$，u_{max} 为气液界面的最大速度，ξ为水膜厚度，S_e 为有效饱和度，$S_e=\dfrac{\theta-\theta_r}{\theta_s-\theta_r}$，$\theta$ 为含水量，θ_r 为剩余含水量，θ_s 为饱和含水量，ε 为空隙率。由 S_e 确定的不饱和渗透系数为

$$\begin{cases} k_r(S_e)=S_e^{\frac{1}{2}}\left[1-\left(1-S_e^{\frac{1}{m}}\right)^m\right]^2 \\ K(S_e)=K_s k_r(S_e) \end{cases} \tag{4-1}$$

式中，k_r——渗透系数；

K——作为 S_e 函数的水力传导系数；

K_s——饱和水力传导系数；

m——根据持水曲线得到的参数。

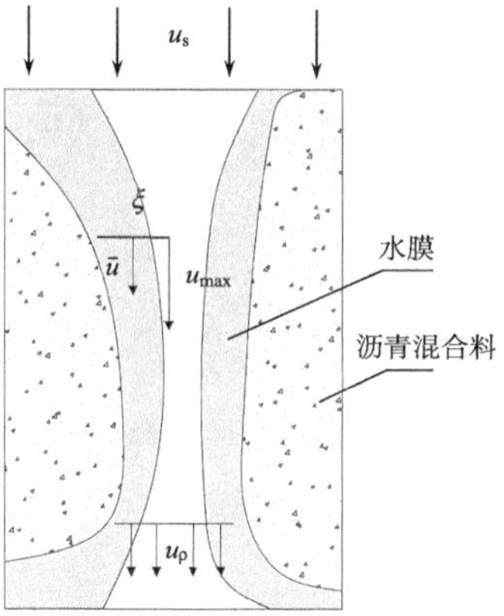

图 4-1 沥青混合料空隙中不饱和流动示意图

(4)空隙饱和，超量降雨产生地面径流。随着降雨的增加，雨水完全充满排水沥青混合料中的空隙，此时如果雨强与沥青混合料的饱和渗透系数相同，则产生稳定饱和流动；如果雨强大于饱和渗透系数，则会在路表形成路面径流，称为饱和产流。

4.1.2 试验方案设计

4.1.2.1 不同铺装结构设计

本书的一个目标是找到缓解北方地区排水沥青铺装的透水性功能衰退情况的对策，针对此，基于第 3 章实验室相关试验研究，设计了新型多层排水沥青铺装结构。在本试验中，2 个土槽铺设面层空隙率不同的新型多层排水沥青结构，另外 2 个土槽分别铺设国内外常用的 2 种铺装结构，每个土槽铺设路面尺寸为 1m×2.5m，4 个土槽不同的铺装形成多组对照试验(图 4-2～图 4-6)。

(a)土槽挖深 (b)土基混凝土加固 (c)加固墙浇筑

(d) 涂抹防水层　　(e) 开级配碎石铺设　　(f) 沥青铺设

图 4-2　土槽施工流程

1 号土槽铺设面层为 23%空隙率的多层排水沥青铺装，具体结构：4cm 大空隙透水沥青混合料(空隙率 23%)；10cm 沥青碎石；30cm 开级配碎石；防水排水隔层(向右侧倾斜 5°左右，便于水流汇集)；土基层(浇筑混凝土加固)。右侧试验区内，水管从排水孔收集降雨并引至翻斗式径流仪中，最终排到土槽外。1 号土槽横断面截图如图 4-3 所示。

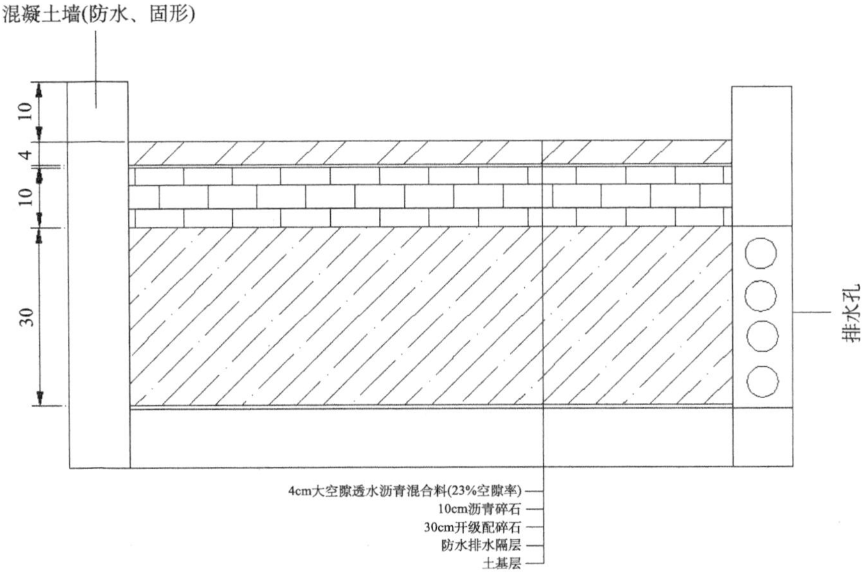

图 4-3　1 号土槽多层排水沥青铺装结构(单位：cm)

沥青碎石是工地建设时常用的建筑材料，混合料中粗骨料所占比例大，细骨料很少甚至没有，因此抗剪能力低，一般用于铺设路面结构层。本试验采用的沥青铺装结构中设计 4cm 厚沥青碎石层主要考虑了以下 3 个原因：

(1)沥青碎石层在开级配碎石之上，可以作为找平层而使作为面层的大空隙沥青混合料可以铺设的厚度不超过 4cm；

(2)相比开级配碎石，沥青碎石有着更高的强度，可以大大增强整体铺装的强度；

(3)沥青碎石有更大的空隙率(通常在 30%以上)且空隙更大，较薄的面层配合一定厚度的沥青碎石层，能够使大直径颗粒物迅速通过整个沥青层而减少其对排水沥青的堵塞，在一定程度上减缓排水沥青功能性丧失速率。

2 号土槽与 1 号土槽只在面层上有差别，沥青混合料的空隙率由 23%改为 16%。具体结构：4cm 大空隙透水沥青混合料(空隙率 16%)；10cm 沥青碎石；30cm 开级配碎石；防水排水隔层(向右侧倾斜 5°左右，便于水流汇集)；土基层(浇筑混凝土加固)。右侧试验区内，水管从排水孔收集降雨并引至翻斗式径流仪中，最终排到土槽外。2 号土槽横断面截图如图 4-4 所示。

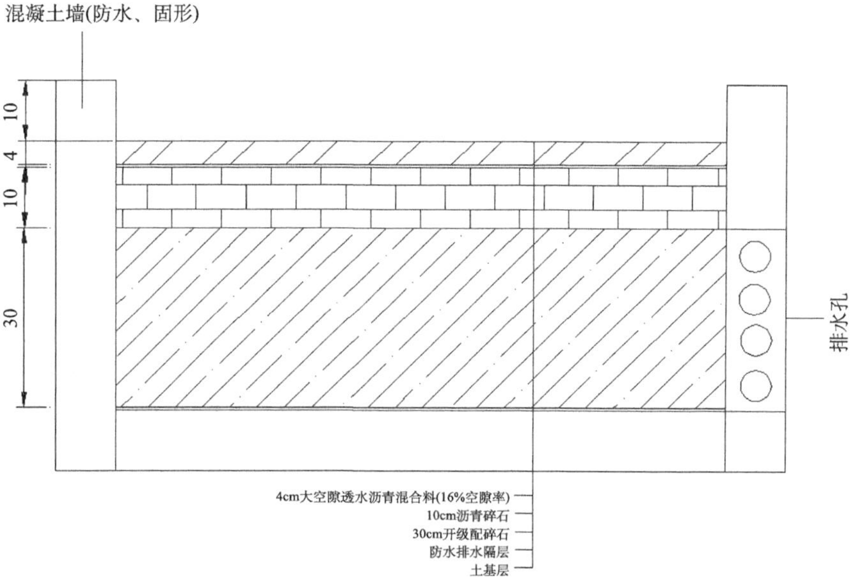

图 4-4 2 号土槽多层排水沥青铺装结构(单位：cm)

3 号土槽为国内外常用排水沥青铺装的一种，在基层(本试验基层材料为开级配碎石)之上直接铺设大空隙排水沥青面层。具体结构：4cm 大空隙透水沥青混合料(空隙率 23%)；30cm 开级配碎石；防水排水隔层(向右侧倾斜 5°左右，便于水流汇集)；土基层(浇筑混凝土加固)。右侧试验区内，水管从排水孔收集降雨并引至翻斗式径流仪中，最终排到土槽外。3 号土槽横断面截图如图 4-5 所示。

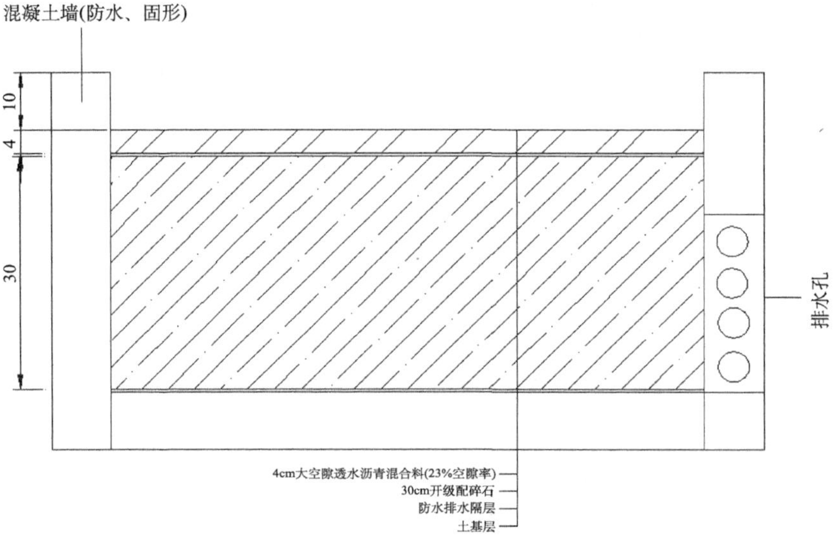

图 4-5　3 号土槽多层排水沥青铺装结构(单位：cm)

4 号土槽为国内外常用排水沥青铺装的一种，在土层之上浇筑不透水的混凝土，然后直接铺设大空隙排水沥青面层，整个铺装的垂向和侧向排水全部通过面层铺装解决。其具体结构：10cm 大空隙透水沥青混合料(空隙率 23%)；防水排水隔层(向右侧倾斜 5°左右，便于水流汇集)；土基层(浇筑混凝土加固)。右侧试验区内，水管从排水孔收集降雨并引至翻斗式径流仪中，最终排到土槽外。4 号土槽横断面截图如图 4-6 所示。

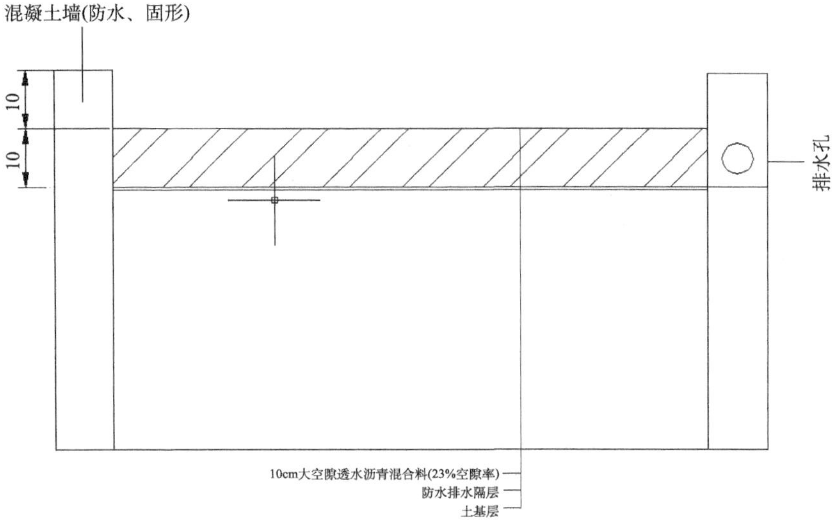

图 4-6　4 号土槽多层排水沥青铺装结构(单位：cm)

4.1.2.2 济南市路面颗粒物分析及堵塞物选择

为了模拟济南市路面颗粒物对排水沥青的堵塞情况，需要通过分析济南市路面颗粒物的粒径数据来制作相应的堵塞物质。为了接近真实情况，在济南市历下区交通繁忙路段取样 3 次(长时间未有降雨的情况下)，每次取样 1kg 左右，用激光粒度分析仪测量样品粒径组成，其最终结果见表 4-1。

表 4-1 济南市路面颗粒物粒径分析结果

粒径/mm	16	13.2	9.5	4.75	2.36	1.18	0.5	0.3	0.15	0.075
小于此粒径百分比/%	100	100	100	100	100	99.850	99.833	99.147	95.482	84.738

马路上可以导致沥青路面排水堵塞的物质有很多：碎石、土粒、草屑、灰尘及轮胎磨耗物颗粒等，但基本上可以分为黏性颗粒物和砂性颗粒物两大类，因此本试验使用砂土和黏土的混合物来代表堵塞物质。黏土取自降雨大厅土槽中的土壤，砂土是用 4#骨料组成的玄武岩砂。经过 1∶1 的混合之后，用激光粒度分析仪测量，结果见表 4-2。

表 4-2 堵塞剂粒径分析结果

粒径/mm	16	13.2	9.5	4.75	2.36	1.18	0.5	0.3	0.15	0.075
小于此粒径百分比/%	100	100	100	100	98.618	92.224	79.482	68.716	66.273	62.349

堵塞剂在粗粒径(≥2.36mm)的级配上基本与济南市样品土壤的含量相当，但在细粒径(<2.36mm)的级配上差别较大，堵塞剂的粒径分布更加均匀和有代表性，因此选用黏土和砂土 1∶1 混合而成的混合物作为堵塞剂。

4.1.3 试验步骤

4.1.3.1 铺装结构影响研究步骤

(1) 按照 2 年、5 年、10 年、20 年、50 年一遇的情况，使用济南市暴雨公式计算得到对应的降雨量：48.5mm/h、60.4mm/h、69.4mm/h、78.4mm/h、90.3mm/h。

(2) 试验前将雨量计、翻斗式径流仪调试好并开启自动记录数据，保证出水管内清洁无异物。

(3) 每种雨强为一次试验，降雨时长为 1h，其间需要记录产生积水的土槽编号及其产生积水的具体时间和积水深度，每次取样路表的水样和流入径流仪的水样。

(4) 降雨结束后 3～4 h 后读取仪器数据，并将仪器关闭。测量水样中悬浮物颗粒的含量。

4.1.3.2　空隙堵塞影响研究步骤

(1) 准备充足的黏土和砂土原料，按照 4.1.2.2 节中的配合比配制堵塞剂，为使堵塞剂能够均匀分布在 2.5m^2 的路面上，将其加入水中制成悬浊液，均匀泼洒在路面上。

(2) 每个土槽试验路面泼洒 5kg 堵塞剂(2.5kg 黏土、2.5kg 砂土)，之后用缓水润湿路面，并使颗粒物能够进入铺装内部，缓水持续 0.5h，待铺装干燥 1d 之后，再用缓水浇湿路面 0.5h。

(3) 上一步骤后 2d 开始进行降雨试验，依然是 4.1.3.1 节中的 5 种降雨强度，每种雨强为一次试验，降雨时长 1h，其间需要记录产生积水的土槽编号及其产生积水的具体时间和积水深度，每次取样路表的水样和流入径流仪的水样。

(4) 降雨结束 3～4h 后读取仪器数据，并将仪器关闭。测量水样中悬浮物颗粒的含量。

4.1.3.3　路面维护对堵塞恢复影响研究步骤

(1) 使用高压水枪冲洗路面来模拟实际的路面维护，调试高压水枪压强至 8MPa，对每个土槽的试验路面冲洗 15min。

(2) 上一步骤后 1d 开始进行降雨试验，依然是 4.1.3.1 节中的 5 种降雨强度，每种雨强为一次试验，降雨时长 1h，其间需要记录产生积水的土槽编号及其产生积水的具体时间和积水深度，每次取样路表的水样和流入径流仪的水样。

(3) 降雨结束 3～4h 后读取仪器数据，并将仪器关闭。测量水样中悬浮物颗粒的含量。

4.2　新型多层排水沥青设计及原理

根据西方国家的工程和研究经验，现在在多空隙沥青路面施工时常使用的路面结构大致分为排水沥青路面、保水性沥青路面、透水性沥青路面，这三种路面结构都使用大空隙沥青混合料作为其面层结构，但是在其之下的结构就存在明显的差别，如图 4-7 所示。

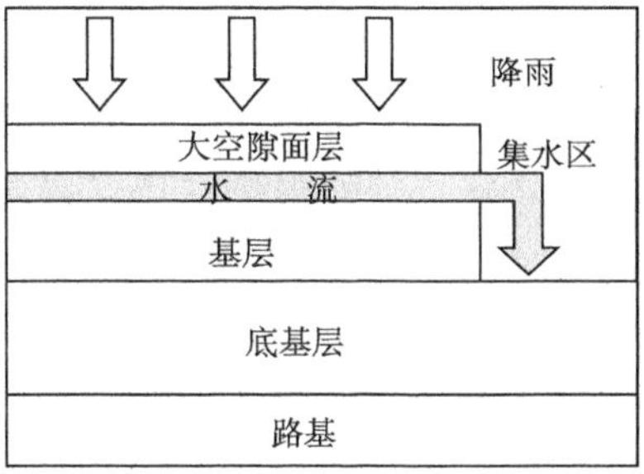

(a) 排水沥青路面

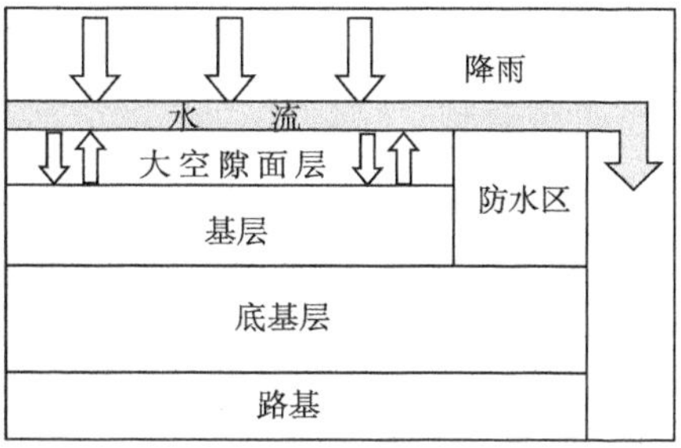

(b) 保水性沥青路面

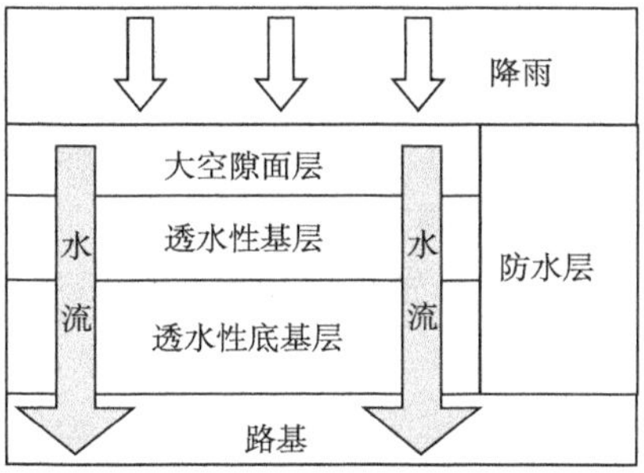

(c) 透水性沥青路面

图 4-7 三种大空隙沥青路面结构示意图

图 4-7(a)为排水沥青路面，降雨进入大空隙面层直至基层以上的防水层，从道路侧方向排出，能够迅速将水流导向城市管网；图 4-7(b)为保水性沥青路面，大空隙面层两侧和下方都是防水层，降雨先将面层的空隙填满，然后产生路面径流从路表排走，部分水分保持在面层不从侧向排出，而是在不降雨的时候通过垂直蒸发排走，这种铺装结构的一个好处是能降低城市热岛效应，因为蒸发需要吸收热量，降低地表温度，但同时水分一直集聚在空隙中，容易造成面层强度的降低和损毁；图 4-7(c)为透水性沥青路面，所有结构层都是透水性的，水分不是从侧向排出，而是垂直下渗。这种路面除了拥有前述两种铺装的一定功能外，还能补充稀缺的地下水资源，但水分进入路基容易造成路基强度的降低，从而使整个道路支撑结构强度降低。

结合济南市海绵城市建设的实际情况，考虑到保水性沥青路面和透水性沥青路面的强度弱点，本书选择排水沥青铺装来试图解决在北方半湿润区海绵城市建设中所遇到的问题，为其底层基础设施建设提供更多的选择，并发挥更好的效能。

本书研发了新型多层排水沥青铺装，在原有的排水沥青路面铺装上进行相应的改进，具体的结构从上至下依次为大空隙排水沥青面层、开级配沥青碎石、开级配碎石、防水层、土基。其中大空隙排水沥青面层使用第 3 章所述的 SBS 高黏度改性沥青混合料，空隙率可以视实际情况加以控制，开级配沥青碎石与开级配碎石共同组成铺装基层。增加沥青碎石层有三个好处：①沥青碎石层在开级配碎石之上，可以作为找平层而使作为面层的大空隙沥青混合料可以铺设得尽可能薄，而薄的面层减少了堵塞物的通过路程，也就减小了堵塞的可能性；②相比开级配碎石，沥青碎石有着更高的强度，沥青碎石和开级配碎石的组合可以大大增强整体铺装的强度，同时保持相对较高的透水效率；③沥青碎石有更大的空隙率(通常在 30%以上)且空隙更大，较薄的面层配合一定厚度的沥青碎石层，能够使大直径颗粒物迅速通过整个沥青层而减少其对排水沥青的堵塞，在一定程度上减缓排水沥青功能性丧失速率。沥青碎石和级配碎石同时为铺装整体提供强度支撑，最后的防水层是不透水层，使水通过侧方向排出。

4 个土槽的具体设计已在 4.1.2 节中叙述，此处不再详述。新型复合铺装(空隙率 23%)和新型复合铺装(空隙率 16%)的面层空隙率不同，互为一组对照试验，用来研究不同空隙率下整体铺装的排水、滞水、滤水效果的差别；传统双层铺装和传统单层铺装作为对照组，用来研究新型铺装相对于传统铺装的效能提高。

4.3 不同雨强下排水沥青铺装下渗产流

4.3.1 降雨强度波动和径流量波动分析

本书采用水文水资源与水利工程科学国家重点实验室降雨大厅的人工降雨系统，该系统主要由可编程序控制器、工控机、电动调节阀、喷淋电磁阀及人工降雨测控软件组成，可根据要求控制降雨强度。在实际试验进行过程中，降雨装置的调节阀按照事先设定雨强值负反馈调节，即在喷头感应器测算雨强大于设定值时降低雨强，测算雨强小于设定值时增大雨强。因此，雨量计的实际测量结果中，雨强围绕设定值上下波动，且波动范围在 5%的可控范围以内。同时也因为这个原因，径流量的实测曲线呈现波动式的锯齿状，但该试验误差不影响产流变化总体趋势。

4.3.2 初始状态不同雨强下排水沥青铺装下渗产流

在第一组试验中，按照 2 年、5 年、10 年、20 年、50 年一遇的情况，分别进行 48.5mm/h、60.4mm/h、69.4mm/h、78.4mm/h、90.3mm/h 5 种雨强的人工降雨试验，得到 4 个土槽在降雨过程中的径流量变化，降雨时间为 0～60min，人工降雨设备围绕设定雨强值有较小波动，但都在可控范围之内，试验结束后的积水深度变化如图 4-8～图 4-12 所示。

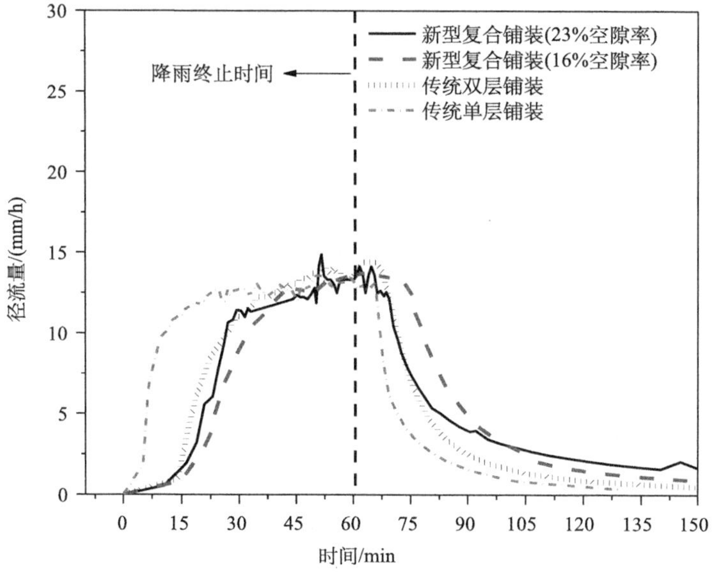

图 4-8 48.5mm/h 雨强下土槽下渗出流径流量随时间变化图

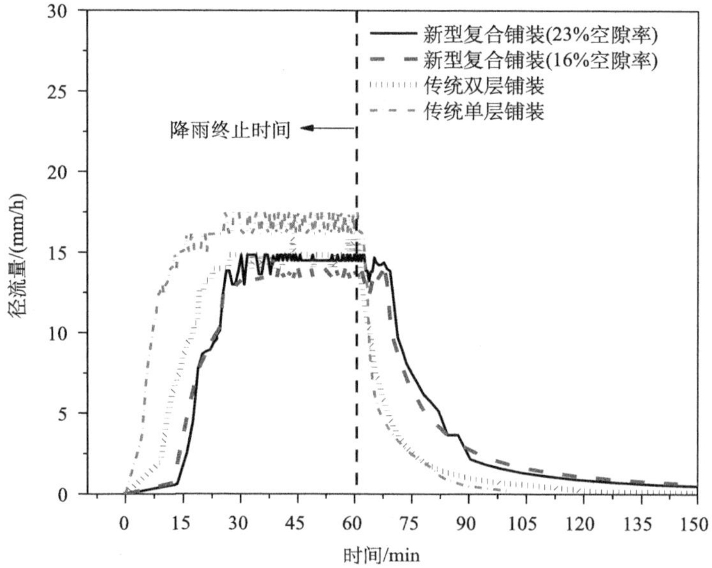

图 4-9 60.4mm/h 雨强下土槽下渗出流径流量随时间变化图

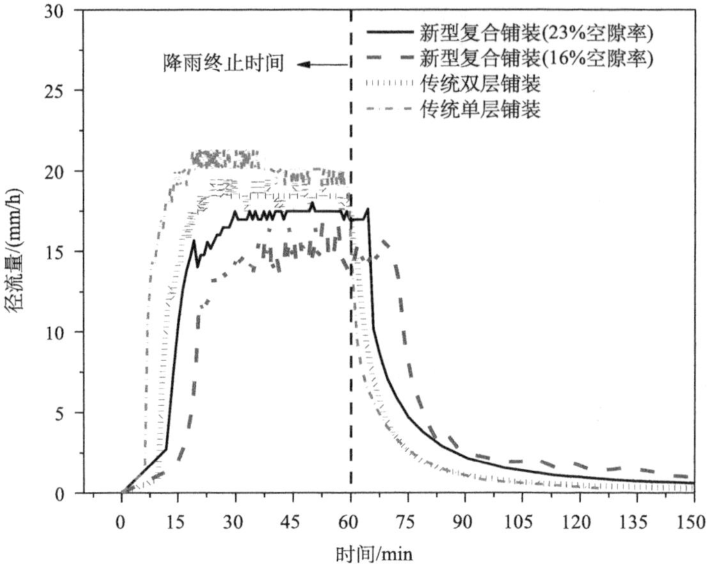

图 4-10　69.4mm/h 雨强下土槽下渗出流径流量随时间变化图

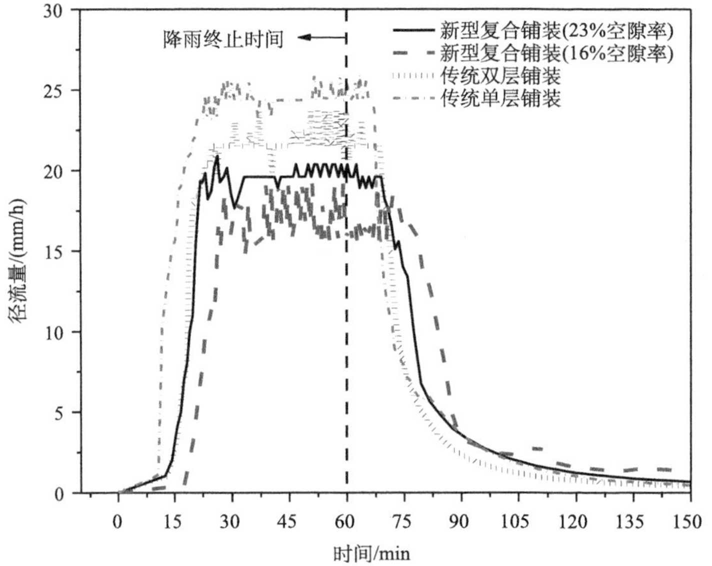

图 4-11　78.4mm/h 雨强下土槽下渗出流径流量随时间变化图

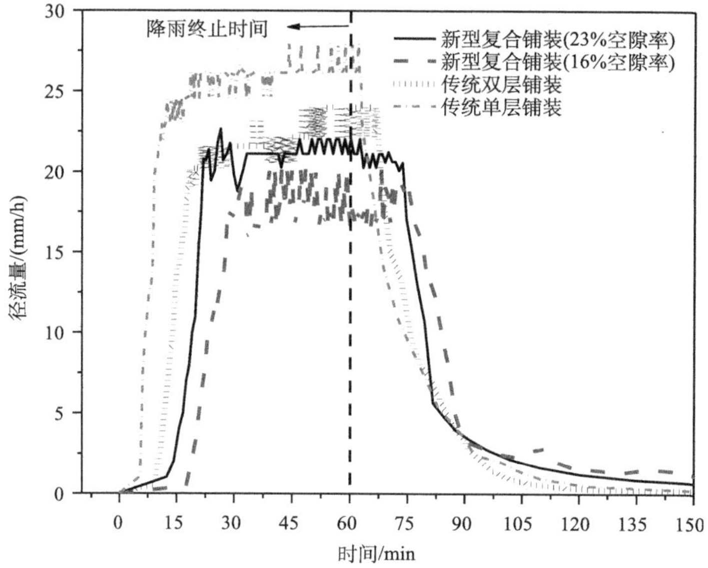

图 4-12 90.3mm/h 雨强下土槽下渗出流径流量随时间变化图

为了方便之后的分析，统计 4 种铺装在不同雨强下的径流曲线的关键时间节点，包括降雨历时、起涨时间点、达到稳定下渗时间点、上涨时间、平均稳定下渗流量、退水起始点、降雨结束后稳定下渗历时 7 项数据(表 4-3)。其中，降雨历时是人工降雨设备降雨的时长；起涨时间点是径流曲线开始明显上涨的转折点对应的时间；达到稳定下渗时间点是径流曲线转为平稳的转折点对应的时间；上涨时间是径流曲线从起涨时间点到稳定下渗时间点的时长；平均稳定下渗流量是径流曲线在平稳阶段对应的流量，是平稳阶段所有流量值的平均值；退水起始点是径流曲线开始下降对应的时间点；降雨结束后稳定下渗历时是径流曲线从降雨结束到退水起始点的时长。

表 4-3 降雨试验各种时间节点统计表

土槽类型	雨强/(mm/h)	降雨历时/min	起涨时间点/min	达到稳定下渗时间点/min	上涨时间/min	平均稳定下渗流量/(mm/h)	退水起始点/min	降雨结束后稳定下渗历时/min
新型复合铺装(23%空隙率)	48.5	61	11	25	14	12.79	68	7
	60.4	60	13	24	11	14.45	68	8
	69.4	58	11	21	10	17.09	64	6
	78.4	66	12	21	9	18.98	73	7
	90.3	60	12	21	9	19.93	70	10

续表

土槽类型	雨强/(mm/h)	降雨历时/min	起涨时间点/min	达到稳定下渗时间点/min	上涨时间/min	平均稳定下渗流量/(mm/h)	退水起始点/min	降雨结束后稳定下渗历时/min
新型复合铺装(16%空隙率)	48.5	61	17	31	14	12.87	76	15
	60.4	60	15	25	10	13.59	69	9
	69.4	58	17	25	8	14.68	69	11
	78.4	66	18	28	10	17.96	79	13
	90.3	60	18	27	9	19.35	73	13
传统双层铺装	48.5	61	13	23	10	13.11	69	8
	60.4	60	9	19	10	14.55	64	4
	69.4	58	10	17	7	18.1	62	4
	78.4	66	11	19	8	21.33	71	5
	90.3	60	10	18	8	23.85	66	6
传统单层铺装	48.5	61	4	12	8	12.59	63	2
	60.4	60	2	10	8	16.25	62	2
	69.4	58	3	11	8	20.16	59	1
	78.4	66	2	11	9	23.91	67	1
	90.3	60	4	11	7	25.76	62	2

由于降雨大厅的降雨装置工作原理是系统按照出水量与预定雨强正负反馈关系进行微调，因此最终的雨强曲线会围绕预定雨强上下波动，这在实际试验进行过程中不可避免。另外，在 5 次雨强的降雨过程中，4 种铺装内均未发现积水现象，表明 4 种铺装结构在出流通畅的情况下均能使降雨及时下渗进入防水层。

从图 4-8～图 4-12 中可以看出：①在 5 种雨强下，传统单层铺装的径流量起涨点都是最早的，普遍在降雨开始之后的 2～4min 开始明显出流，且涨水曲线也是 4 个土槽中最陡的，即下渗上涨速度最快，达到稳定下渗状态也最快，一般在 10min 左右；新型复合铺装(23%空隙率)和传统双层铺装的起涨点大致相同，均在 9～13min，但是新型复合铺装(23%空隙率)还是稍稍滞后一些，同时在上涨速度方面，新型复合铺装(23%空隙率)9～14min 上涨至稳定下渗速度，传统双层铺装 7～10min 上涨至稳定下渗速度；新型复合铺装(16%空隙率)的起涨时间最慢，为 15～18min，8～14min 上涨至稳定下渗速度，与新型复合铺装(23%空隙率)、传统双层铺装上涨速度基本相当。②雨强为 48.5mm/h 时，4 个土槽的稳定下渗速度基本相同，维持在 13mm/h 左右；雨强为 60.4mm/h 时，传统单层铺装的稳定下渗速度明显高于其他 3 个土槽，新型复合铺装(23%空隙率)、新型复合铺装(16%空隙率)、传统双层铺装的稳定下渗速度基本相同，比传统单层铺装低 1.5mm/h；

雨强高于 60.4mm/h 之后，4 个土槽的稳定下渗速度开始出现明显的不同，传统单层铺装依旧是最快的下渗速度，而新型复合铺装(16%空隙率)的下渗速度随雨强增大增长缓慢，成为 4 种铺装中稳定下渗速度最慢的一个，新型复合铺装(23%空隙率)和传统双层铺装稳定下渗速度最为靠近，且传统双层铺装略快于新型复合铺装(23%空隙率)。③在 5 种雨强下，传统单层铺装的退水时间最早，在降雨结束后的 2min 以内下渗速度就开始下降，其次是传统双层铺装，流速下降时间节点出现在降雨结束后的 4～8min，再次是新型复合铺装(23%空隙率)，流速下降时间节点出现在降雨结束后的 6～10min，最晚是新型复合铺装(16%空隙率)，流速下降时间节点在降雨结束后的 9～15min，相对来说新型复合铺装(23%空隙率)和新型复合铺装(16%空隙率)能够在降雨结束后维持更长的稳定下渗时间，延缓降雨产流速度，迟滞洪峰出现时间。

以各槽作为控制量，得到图 4-13 所示的各种铺装不同雨强下的降雨径流量曲线。

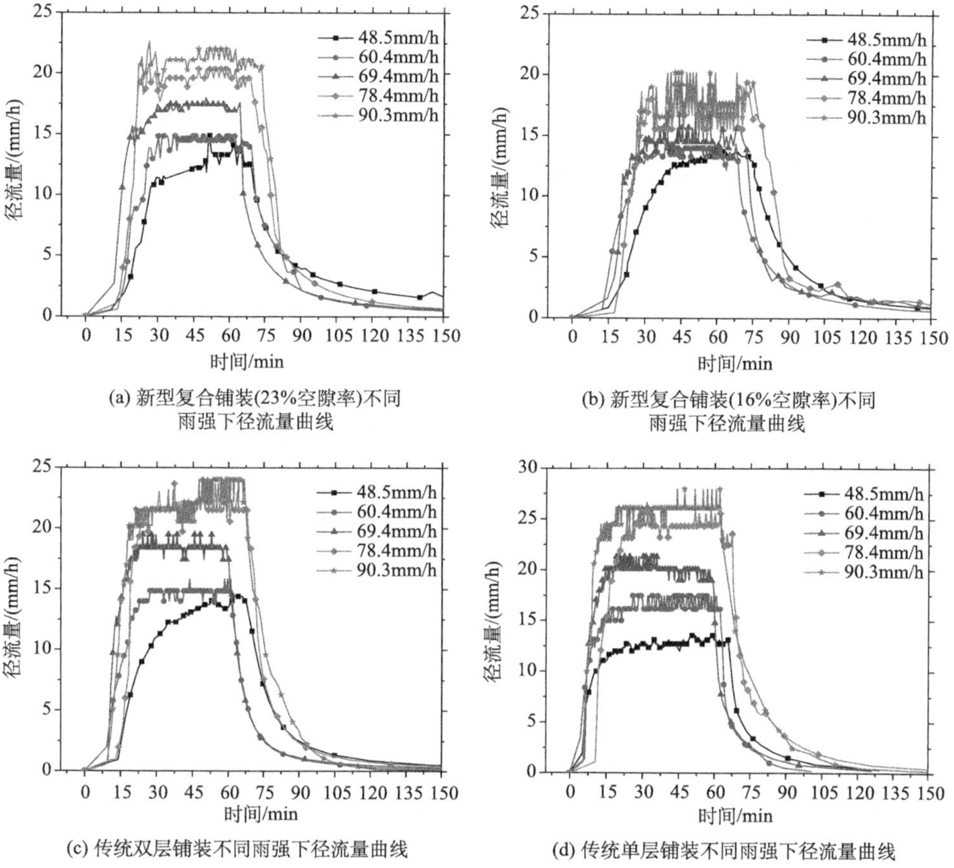

(a) 新型复合铺装(23%空隙率)不同雨强下径流量曲线

(b) 新型复合铺装(16%空隙率)不同雨强下径流量曲线

(c) 传统双层铺装不同雨强下径流量曲线

(d) 传统单层铺装不同雨强下径流量曲线

图 4-13 各种铺装不同雨强下的降雨径流量曲线

在图 4-13 中，4 种铺装随着雨强的增大，其稳定下渗速度都随之增大，这也充分表明即使在最大雨强 90.3mm/h 的情况下，依然没有达到排水铺装的最大下渗速度，本研究中的多层排水沥青铺装的下渗过水能力能够承受更大暴雨雨强的考验，能够在海绵城市建设中发挥更大的效果。

分析出现以上现象的原因主要如下：①从分层材料上来讲，空隙率大的面层渗透系数更大，因此 $k_{23\%}>k_{16\%}$，沥青碎石是没有细骨料的沥青混合料，空隙率普遍大于 30%，因此 $k_{沥青碎石}>k_{23\%}$，开级配碎石基本由粗骨料玄武岩堆嵌而成，因此 $k_{开级配碎石}>k_{沥青碎石}$，综上所述，多层排水沥青铺装自上而下空隙率依次递增，渗透系数也随之递增。②4 种铺装之中传统单层铺装最为简单，只有一层 23%空隙率的面层，雨水进入路面后的垂向运动和横向运动都在面层之中，因此只要雨强小于面层的垂向和横向渗透能力，就不会产生路面积水，而较短的雨水下渗路径也使得其产生出流和雨后流速下降的时间节点最早，通常在降雨开始和结束的 2min 以内。③新型复合铺装（23%空隙率）和传统双层铺装的面层都是23%空隙率，只差一层沥青碎石层，因此在多次降雨试验中，新型复合铺装（23%空隙率）和传统双层铺装的径流曲线是最接近的，但是新型复合铺装（23%空隙率）的降雨进入路面后要多经过一层沥青碎石层且 $k_{开级配碎石}>k_{沥青碎石}$，因此新型复合铺装（23%空隙率）的径流曲线起涨点要晚于传统双层铺装，曲线下降节点也要晚于传统双层铺装，同时在处于稳定下渗状态时新型复合铺装（23%空隙率）的流速低于传统双层铺装。④新型复合铺装（23%空隙率）与新型复合铺装（16%空隙率）拥有不同空隙率的面层铺装，因此在多次降雨试验中，新型复合铺装（16%空隙率）的曲线起涨点、曲线下降点和稳定下渗速度都要低于新型复合铺装（23%空隙率），由于铺装结构相同，两槽的稳定下渗维持时间都比传统单层铺装的时间长，基本上在降雨结束后的 10min 左右还处于稳定下渗的状态，有效地延缓了硬质化路面降雨产流的速率。⑤在雨强较小的时候（48.5mm/h），雨水进入路面后在每一层的下渗速率都相同，因此除去开始产生出流阶段的时间差异，在之后的稳定下渗阶段 4 种铺装的径流速度大致相同。随着降雨雨强的增大（60.4mm/h），只有面层的传统单层铺装稳定下渗速度影响因素单一，增长速度加快，开始有别于其他 3 种铺装，而当雨强继续增大之后，多层铺装中开始产生不同的渗透速度，因此也使不同的铺装结构产生了不同的稳定下渗速度。⑥ 4 种铺装在所有的降雨试验中都没有产生明显的积水，说明 4 种铺装的最大下渗速率都能满足 90.3mm/h 的最高降雨强度，但是在蓄洪滞洪的效果上，多层结构沥青铺装明显优于单一结构铺装。

4.4 堵塞情况下排水沥青铺装下渗产流

根据济南市路面污染物的颗粒级配实际情况，用黏土和砂土配制适当级配的堵塞剂，并对 4 种铺装的路面进行堵塞处理，之后分别进行 48.5mm/h、60.4mm/h、69.4mm/h、78.4mm/h、90.3mm/h 5 种雨强的人工降雨试验，得到 4 种铺装在降雨过程中的径流量变化过程曲线，如图 4-14～图 4-18 所示。

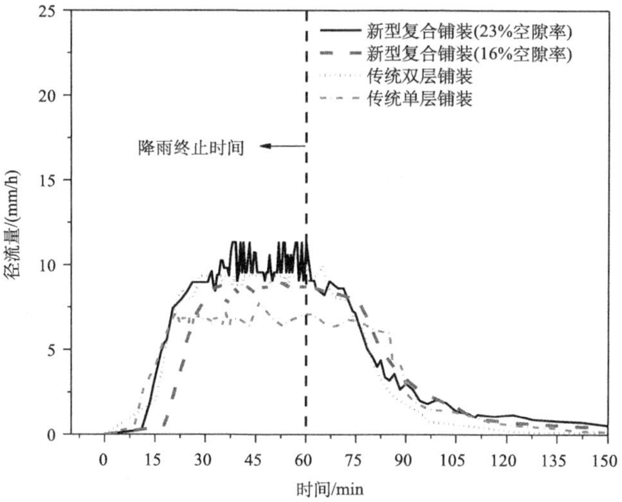

图 4-14 堵塞后 48.5mm/h 雨强下土槽出流径流量随时间变化图

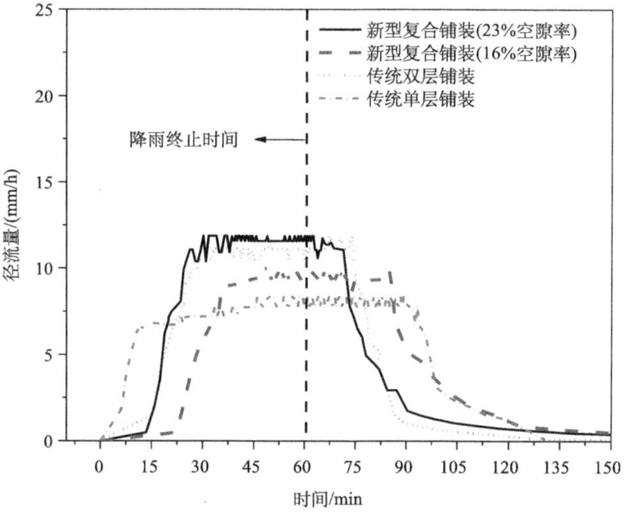

图 4-15 堵塞后 60.4mm/h 雨强下土槽出流径流量随时间变化图

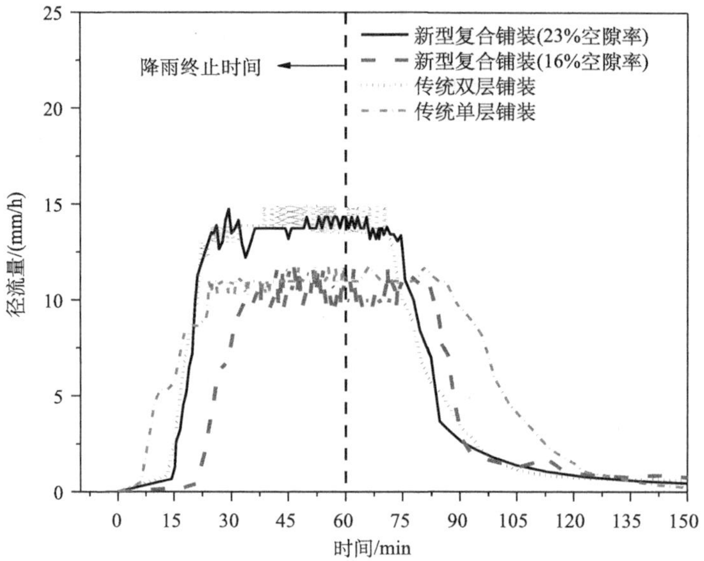

图 4-16　堵塞后 69.4mm/h 雨强下土槽出流径流量随时间变化图

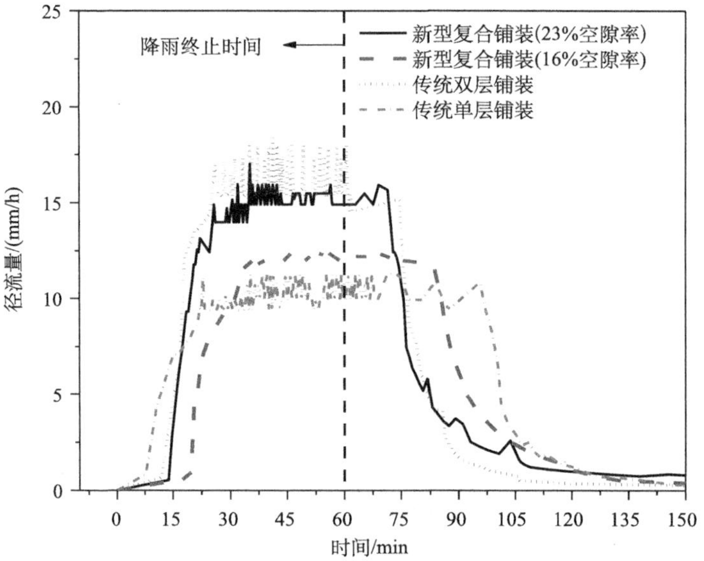

图 4-17　堵塞后 78.4mm/h 雨强下土槽出流径流量随时间变化图

为了方便之后的分析，统计 4 种铺装在不同雨强下的径流量曲线的关键时间节点，包括降雨历时、起涨时间点、达到稳定下渗时间点、上涨时间、平均稳定下渗流量、退水起始点、降雨结束后稳定下渗历时 7 项数据，见表 4-4。

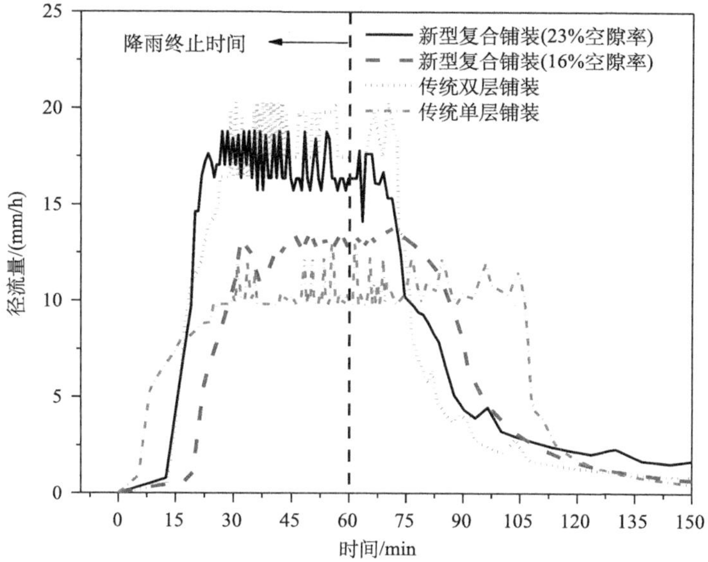

图 4-18 堵塞后 90.3mm/h 雨强下土槽出流径流量随时间变化图

表 4-4 堵塞后降雨试验各种时间节点统计表

土槽类型	雨强/(mm/h)	降雨历时/min	起涨时间点/min	达到稳定下渗时间点/min	上涨时间/min	平均稳定下渗流量/(mm/h)	退水起始点/min	降雨结束后稳定下渗历时/min
新型复合铺装(23%空隙率)	48.5	59	14	26	12	10.58	71	12
	60.4	60	13	24	11	11.63	71	11
	69.4	60	14	24	10	13.34	74	14
	78.4	59	14	25	11	15.06	73	14
	90.3	58	12	22	10	15.83	71	13
新型复合铺装(16%空隙率)	48.5	59	20	33	13	8.76	82	23
	60.4	60	21	35	14	9.02	84	24
	69.4	60	20	34	14	10.27	82	22
	78.4	59	19	31	12	11.84	83	24
	90.3	58	19	32	13	12.85	83	25
传统双层铺装	48.5	59	14	27	13	9.38	72	13
	60.4	60	15	26	11	10.65	73	13
	69.4	60	13	23	10	13.87	71	11
	78.4	59	12	26	14	16.48	74	15
	90.3	58	12	25	13	17.88	71	13
传统单层铺装	48.5	59	8	21	13	6.74	90	31
	60.4	60	6	22	16	8.03	91	31
	69.4	60	6	23	17	10.52	95	35
	78.4	59	7	22	15	10.73	99	40
	90.3	58	6	22	16	10.64	104	46

从图 4-14～图 4-18 5 种雨强下的降雨曲线和表 4-4 可以看出，新型复合铺装(23%空隙率)和传统双层铺装的径流曲线最为相似，差别较小且稳定下渗速度都处于最高水平，起涨时间都为 12～15min，处于中间水平，退水曲线的下降点为 71～74min，是 4 种铺装中最早的；新型复合铺装(16%空隙率)的起涨时间在 19～21min，是 4 种铺装中最晚的，稳定下渗速度处于中间水平，退水曲线的下降点为 82～84min，处于 4 种铺装的中间水平；传统单层铺装的起涨时间为 6～8min，是 4 种铺装中最早的，稳定下渗速度处于最低水平，退水曲线的下降点为 90～104min，是 4 种铺装中最晚的，且时间波动很大，试验过程中只有传统单层铺装在 69.4mm/h、78.4mm/h、90.3mm/h 3 种雨强下产生明显的地面积水，且积水深度随雨强增大而增大。

以各槽作为控制量，得到如图 4-19 所示的每种铺装在堵塞后不同雨强下的降雨径流量曲线。

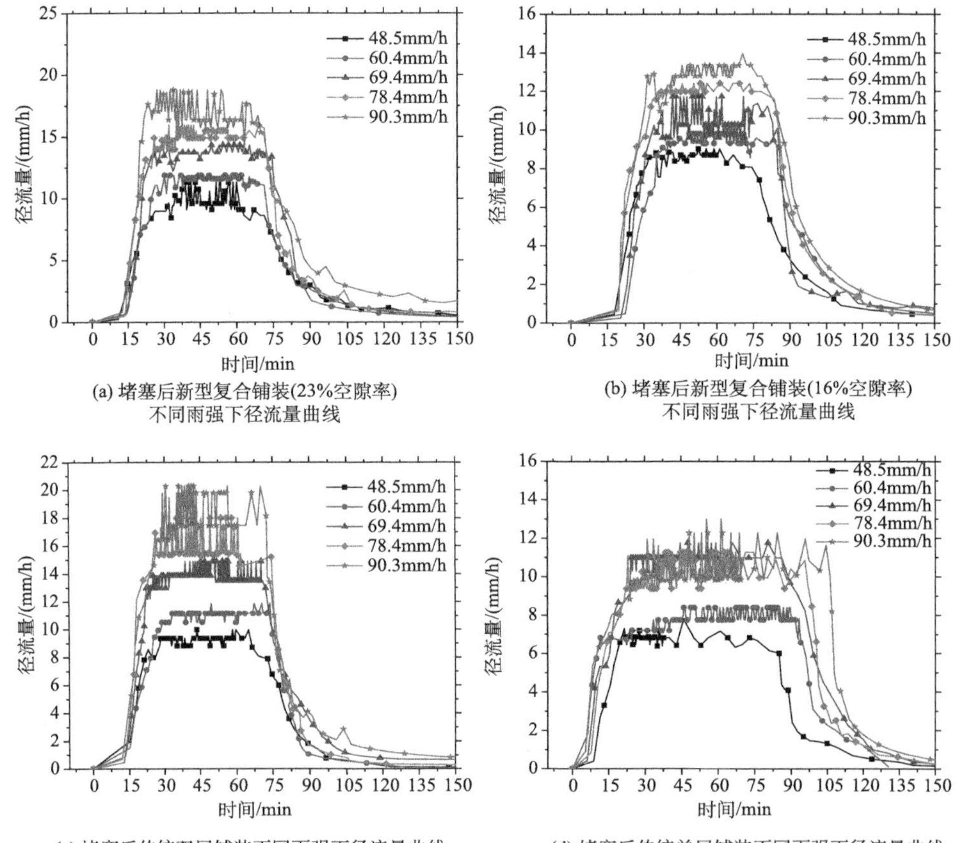

(a) 堵塞后新型复合铺装(23%空隙率)不同雨强下径流量曲线

(b) 堵塞后新型复合铺装(16%空隙率)不同雨强下径流量曲线

(c) 堵塞后传统双层铺装不同雨强下径流量曲线

(d) 堵塞后传统单层铺装不同雨强下径流量曲线

图 4-19　每种铺装在堵塞后不同雨强下的降雨径流量曲线

在图 4-19 中，前 3 种铺装随着雨强的增大，其稳定下渗速度都随之增大，这也充分表明即使在最大雨强 90.3mm/h 的情况下，依然没有达到堵塞后的前 3 种铺装的最大下渗速度，但是传统单层铺装在雨强较大时(69.4mm/h、78.4mm/h、90.3mm/h)，其稳定下渗速度变化不大，且出现明显的路面积水，表明在雨强为 69.4mm/h 时就已经达到堵塞后铺装的最大下渗速度，此时雨强大于稳定下渗速度，产生路面积水就不难理解了。

为了评估 4 种铺装试验段堵塞后与堵塞前的表现，将 4 种铺装在两种情况下的起涨时间点、稳定下渗速度和降雨结束后稳定下渗历时作为评估标准，图 4-20 为 4 种铺装堵塞前后起涨时间点的变化统计图。

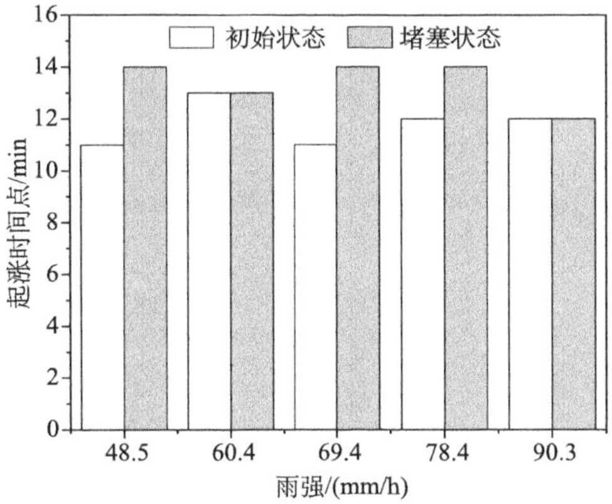

(a) 新型复合铺装(23%空隙率)堵塞后起涨时间点统计

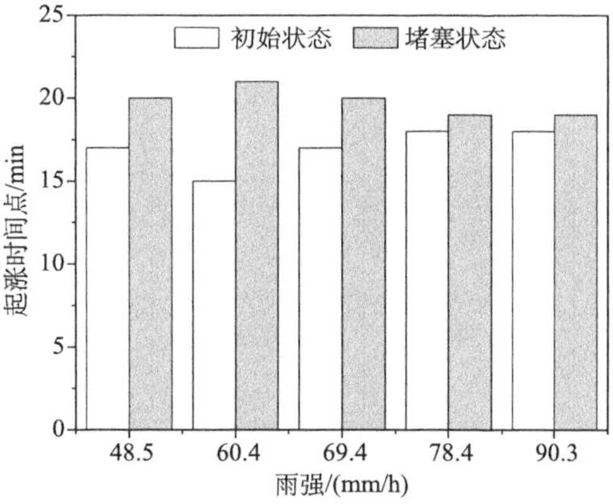

(b) 新型复合铺装(16%空隙率)堵塞后起涨时间点统计

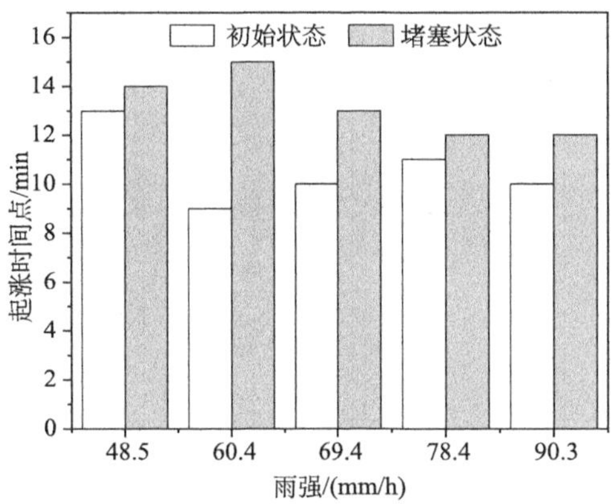

(c) 传统双层铺装堵塞后起涨时间点统计

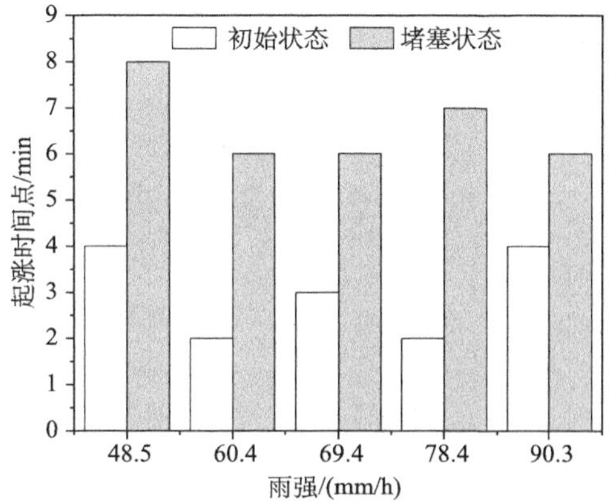

(d) 传统单层铺装堵塞后起涨时间点统计

图 4-20 4 种铺装堵塞前后起涨时间点的变化统计图

由图 4-20 可以看出，在经过堵塞改造之后，每个试验段的径流量曲线起涨时间点都有所延后，延后幅度从新型复合铺装(23%空隙率)到传统单层铺装逐渐增大，新型复合铺装(23%空隙率)、新型复合铺装(16%空隙率)、传统双层铺装的幅度较小，一般延后 0～6min，但传统单层铺装的延后幅度较大，基本是原先起涨时间点的 2～3 倍，也反映出传统单层铺装在堵塞之后所受影响最大。

图 4-21 为 4 种铺装堵塞前后降雨结束后稳定下渗历时的变化统计图。

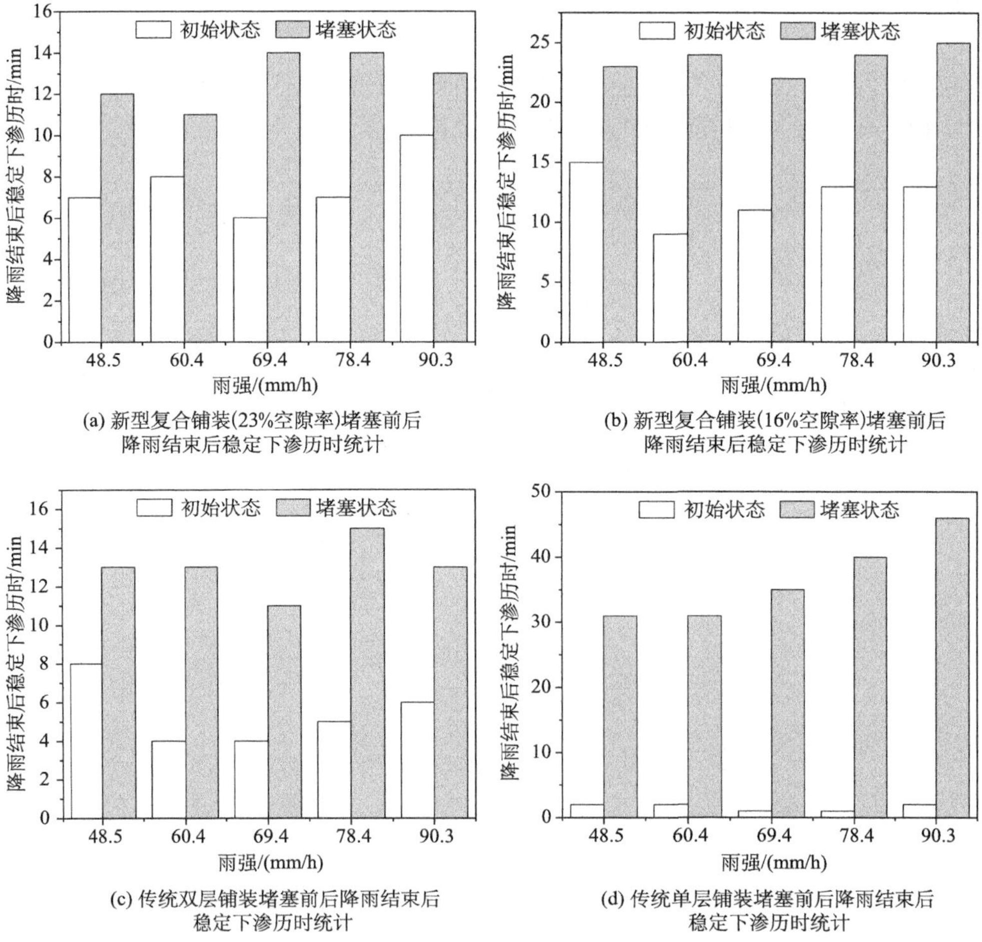

(a) 新型复合铺装(23%空隙率)堵塞前后降雨结束后稳定下渗历时统计

(b) 新型复合铺装(16%空隙率)堵塞前后降雨结束后稳定下渗历时统计

(c) 传统双层铺装堵塞前后降雨结束后稳定下渗历时统计

(d) 传统单层铺装堵塞前后降雨结束后稳定下渗历时统计

图 4-21　4 种铺装堵塞前后降雨结束后稳定下渗历时的变化统计图

由图 4-21 可以看出，在经过堵塞改造之后，每个试验段的径流量曲线降雨结束后稳定下渗历时都在延长，延长幅度也是从新型复合铺装(23%空隙率)到传统单层铺装逐渐增大，新型复合铺装(23%空隙率)的幅度较小，新型复合铺装(16%空隙率)、传统双层铺装的延长幅度基本相同，均在 1 倍左右，但传统单层铺装的延后幅度很大，堵塞之前的降雨结束后稳定下渗历时在 1～3min，堵塞后变成 30～46min，延长幅度在 10 倍以上。

图 4-22 为 4 种铺装堵塞前后稳定下渗流速的变化统计图，稳定下渗流速作为能够直接描述排水铺装过水能力的一项数据，更加需要重点分析，对此列出表 4-5 加以辅助。

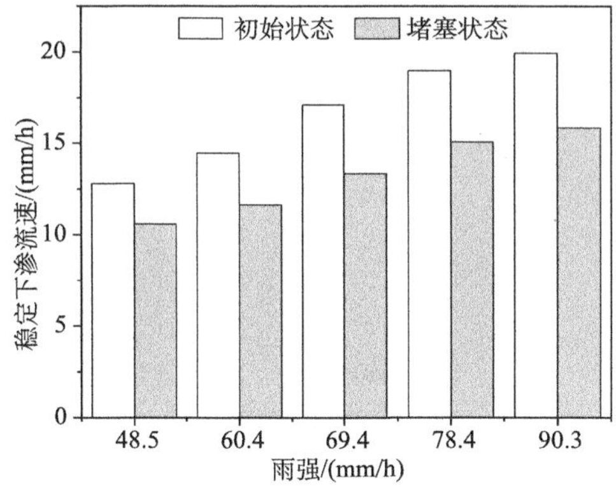

(a) 新型复合铺装(23%空隙率)堵塞前后稳定下渗流速统计

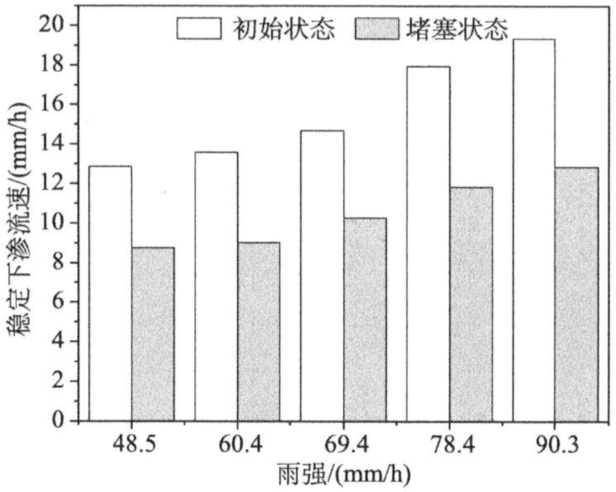

(b) 新型复合铺装(16%空隙率)堵塞前后稳定下渗流速统计

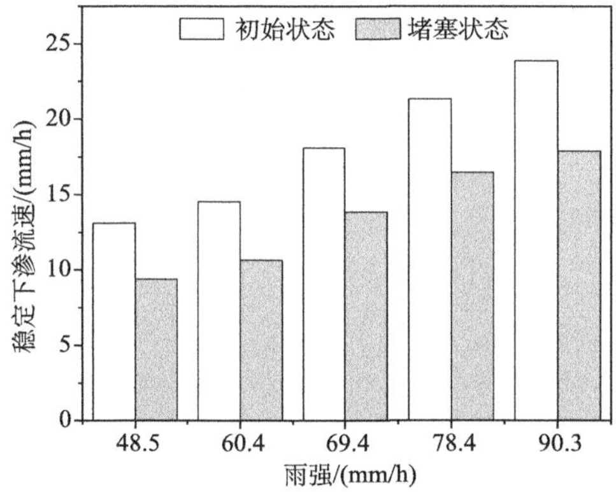

(c) 传统双层铺装堵塞前后稳定下渗流速统计

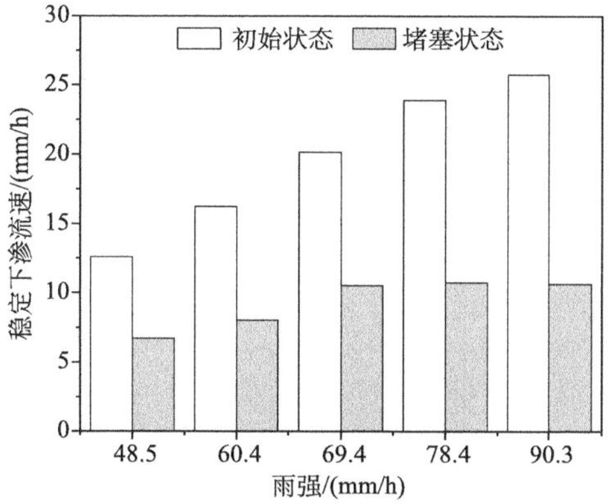

(d) 传统单层铺装堵塞前后稳定下渗流速统计

图 4-22 4 种铺装堵塞前后稳定下渗流速的变化统计图

表 4-5 4 种铺装堵塞前后稳定下渗流速变化统计表

土槽类型	雨强/(mm/h)	初始状态/(mm/h)	堵塞状态/(mm/h)	堵塞后流速下降比/%
新型复合铺装(23%空隙率)	48.5	12.79	10.58	17.28
	60.4	14.45	11.63	19.52
	69.4	17.09	13.34	21.94
	78.4	18.98	15.06	20.65
	90.3	19.93	15.83	20.57

续表

土槽类型	雨强/(mm/h)	初始状态/(mm/h)	堵塞状态/(mm/h)	堵塞后流速下降比/%
新型复合铺装（16%空隙率）	48.5	12.87	8.76	31.93
	60.4	13.59	9.02	33.63
	69.4	14.68	10.27	30.04
	78.4	17.96	11.84	34.08
	90.3	19.35	12.85	33.59
传统双层铺装	48.5	13.11	9.38	28.45
	60.4	14.55	10.65	26.80
	69.4	18.10	13.87	23.37
	78.4	21.33	16.48	22.74
	90.3	23.85	17.88	25.03
传统单层铺装	48.5	12.59	6.74	46.47
	60.4	16.25	8.03	50.58
	69.4	20.16	10.52	47.82
	78.4	23.91	10.73	55.12
	90.3	25.76	10.64	58.70

图 4-22 和表 4-5 表明，在经过堵塞处理之后，每个试验段的稳定下渗流速都有一定程度的降低，新型复合铺装(23%空隙率)的平均下降比为 20%，新型复合铺装(16%空隙率)的平均下降比为 32.65%，传统双层铺装的平均下降比为 25.28%，传统单层铺装的平均下降比为 51.74%。其中新型复合铺装(23%空隙率)的下降比最低，传统双层铺装次之，传统单层铺装下降最严重，且在雨强高于 69.4mm/h 之后的稳定下渗流速基本保持相同，表明此时达到了传统单层铺装最大的下渗速度，也正因为稳定下渗速度的大幅下降，使得传统单层铺装在较高雨强下出现了路面积水，积水的排出也大大延长了降雨结束后稳定下渗历时。

综上所述，起涨时间点、稳定下渗流速和降雨结束后稳定下渗历时三项作为评估排水铺装在透水功能性上的变化指标，起涨时间点的延迟、稳定下渗流速的下降、降雨结束后稳定下渗历时的延长都意味着排水路面透水功能性的丧失。因此在经过相同强度的堵塞剂处理后，新型复合铺装(23%空隙率)的表现最好，由于较大的路面空隙率和多层铺装的共同作用，进入路面的堵塞物能够尽快随着水流排出铺装内部，透水性能降低为堵塞之前的 80%左右，仍能保持较高的雨水通过效率，没有产生路面积水，从而影响交通；新型复合铺装(16%空隙率)、传统双层铺装的表现次之，新型复合铺装(16%空隙率)拥有较小的空隙率，堵塞物的排出效率必然低于新型复合铺装(23%空隙率)，传统双层铺装由于其在厚度上弱于新型复合铺装(23%空隙率)，因此堵塞后整体表现弱于新型复合铺装(23%空隙率)；传统单层铺装的表现最差，由于降水进入路面后垂向和横向的过水都要经过面层铺装，因此即使面层是大空隙的铺设，但在堵塞剂处理之后，一方面没有下表层的辅助使堵塞剂尽快排出；另一方面又加剧了横向排水的困难，因此在雨强提高到 69.4mm/h 之后，传统单层铺装的稳定下渗流速就已经不再变化，雨强大于铺装雨水下渗速度也使得路面出现积水。因此多层复合排水沥青铺装相比传统铺装拥有较强的抗堵塞能力。

4.5 模拟维护后排水沥青铺装下渗产流

使用高压水枪对堵塞后的路面进行冲洗 15min，模拟实际应用中的路面维护，冲洗结束后分别进行 48.5mm/h、60.4mm/h、69.4mm/h、78.4mm/h、90.3mm/h 5 种雨强的人工降雨试验，得到 4 种铺装在降雨过程中的径流量变化过程曲线，如图 4-23～图 4-27 所示。

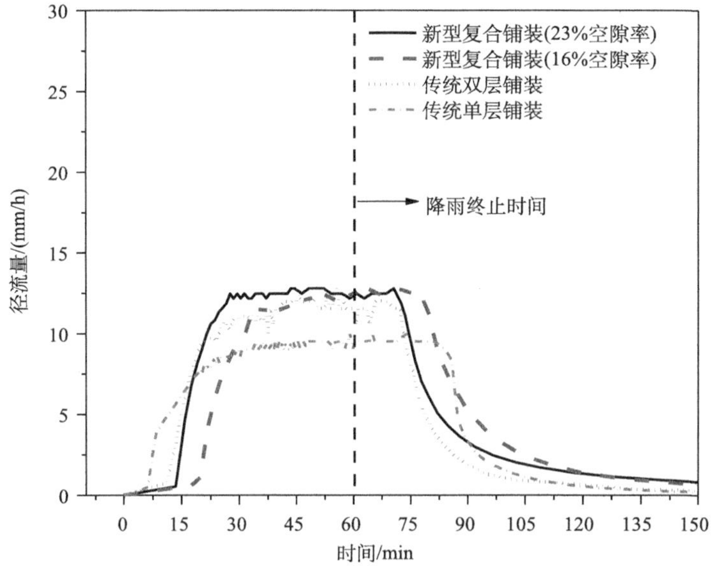

图 4-23 维护后 48.5mm/h 雨强下土槽出流径流量随时间变化图

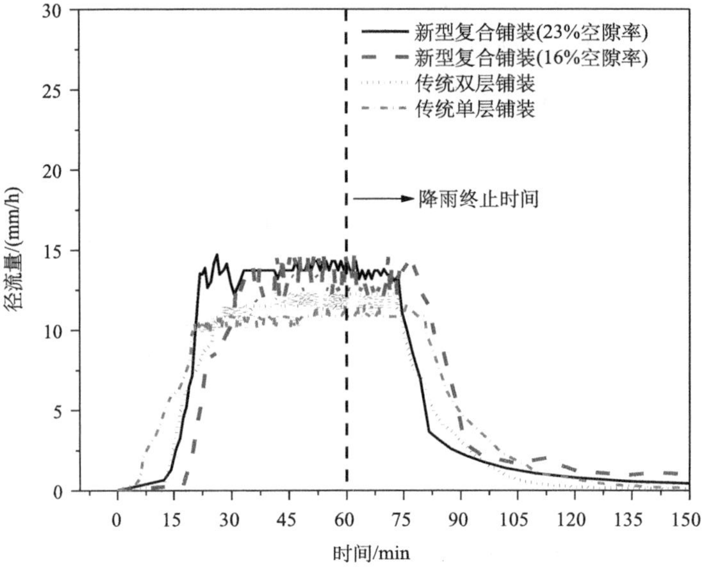

图 4-24　维护后 60.4mm/h 雨强下土槽出流径流量随时间变化图

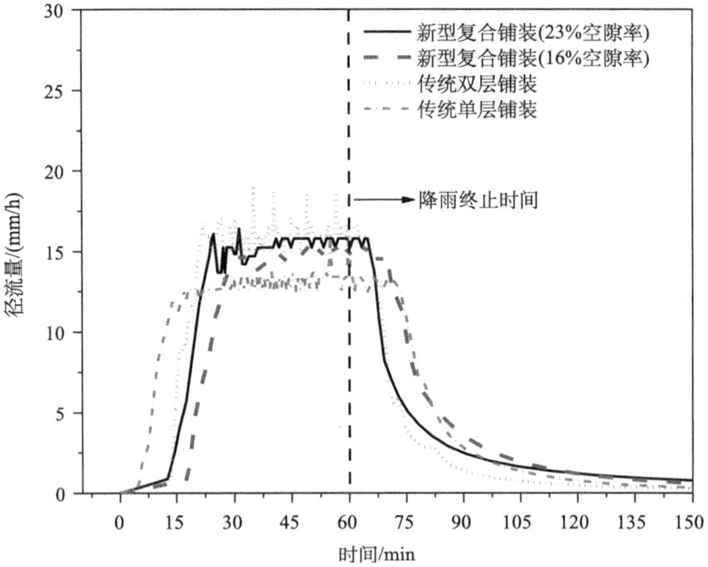

图 4-25　维护后 69.4mm/h 雨强下土槽出流径流量随时间变化图

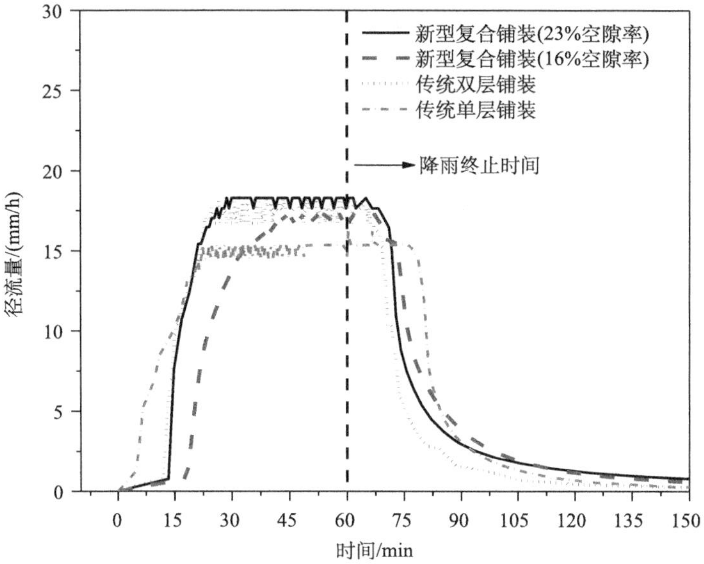

图 4-26 维护后 78.4mm/h 雨强下土槽出流径流量随时间变化图

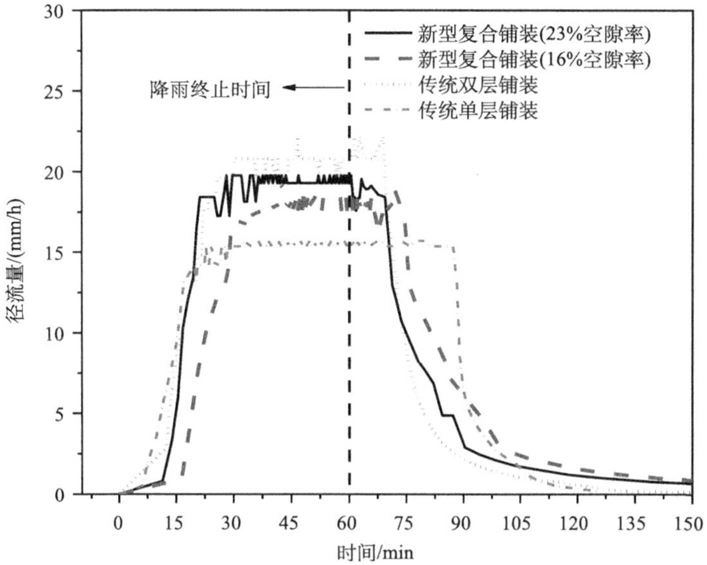

图 4-27 维护后 90.3mm/h 雨强下土槽出流径流量随时间变化图

表 4-6 统计分析了 4 种铺装在不同雨强下的径流量曲线的关键时间节点，包括降雨历时、起涨时间点、达到稳定下渗时间点、上涨时间、平均稳定下渗流量、退水起始点、降雨结束后稳定下渗历时 7 项数据。

表 4-6 维护后降雨试验各种时间节点统计表

土槽类型	雨强/(mm/h)	降雨历时/min	起涨时间点/min	达到稳定下渗时间点/min	上涨时间/min	平均稳定下渗流量/(mm/h)	退水起始点/min	降雨结束后稳定下渗历时/min
新型复合铺装（23%空隙率）	48.5	63	13	23	10	11.98	72	9
	60.4	60	13	21	8	13.25	72	12
	69.4	57	12	23	11	15.53	65	8
	78.4	61	14	23	9	17.87	70	9
	90.3	59	11	21	10	19.16	69	10
新型复合铺装（16%空隙率）	48.5	63	19	33	14	12.07	78	15
	60.4	60	18	31	13	12.74	76	16
	69.4	57	17	29	12	14.58	73	16
	78.4	61	18	29	11	17.03	72	11
	90.3	59	16	28	12	17.98	74	15
传统双层铺装	48.5	63	11	22	11	11.35	72	9
	60.4	60	12	24	12	12.06	72	12
	69.4	57	13	22	9	15.88	65	8
	78.4	61	11	23	12	17.76	68	7
	90.3	59	11	23	12	20.75	68	9
传统单层铺装	48.5	63	6	18	12	9.21	85	22
	60.4	60	5	18	13	11.07	80	20
	69.4	57	5	17	12	12.86	77	20
	78.4	61	4	20	16	15.23	78	17
	90.3	59	6	19	13	15.58	87	28

从图 4-23～图 4-27 5 种雨强下的降雨曲线和表 4-6 可以看出，经过清洗维护之后，新型复合铺装(23%空隙率)和传统双层铺装的径流量曲线依旧最为相似，稳定下渗流速都处于最高水平，起涨时间都为 11～14 min，处于中间水平，退水曲线的下降点为 65～72min，在 4 种铺装中下降最早；新型复合铺装(16%空隙率)的起涨时间在 16～19min，在 4 种铺装中是最晚的，稳定下渗流速处于中间水平，退水曲线的下降点为 72～78min，在 4 种铺装中处于中间水平；传统单层铺装的起涨时间为 4～6min，是 4 种铺装中最早的，稳定下渗速度处于最低水平，退水曲线的下降点为 77～87min，是 4 种铺装中最晚的，试验过程中只有传统单层铺装在 90.3mm/h 的雨强下产生明显的地面积水。图 4-28 为每种铺装在维护后不同雨强下的降雨径流量曲线。

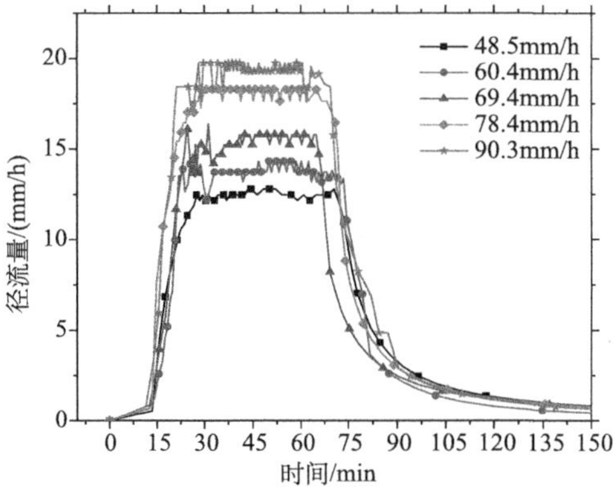

(a) 维护后新型复合铺装(23%空隙率)
不同雨强下径流量曲线

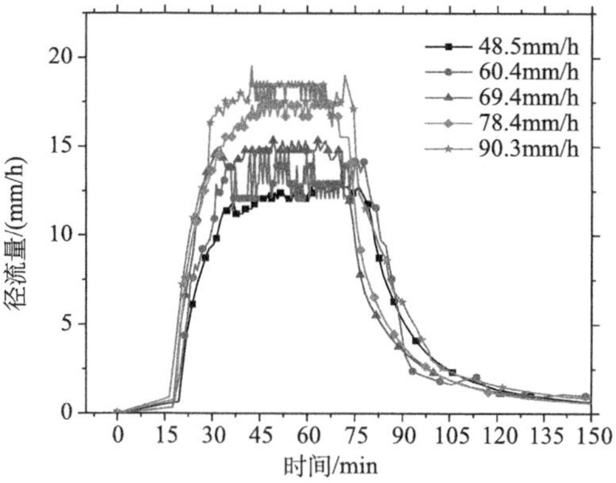

(b) 维护后新型复合铺装(16%空隙率)
不同雨强下径流量曲线

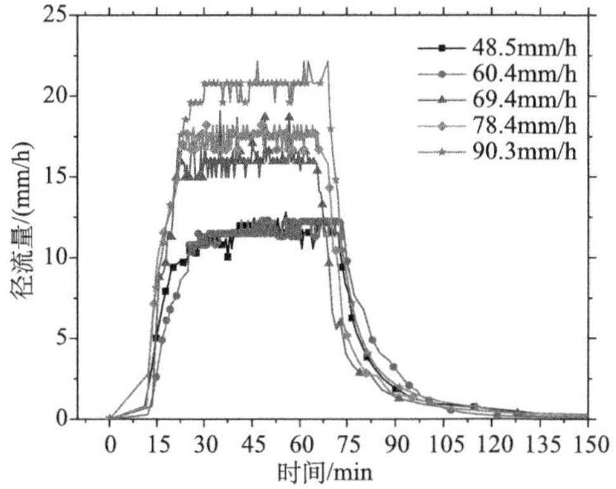

(c) 维护后传统双层铺装不同雨强下径流量曲线

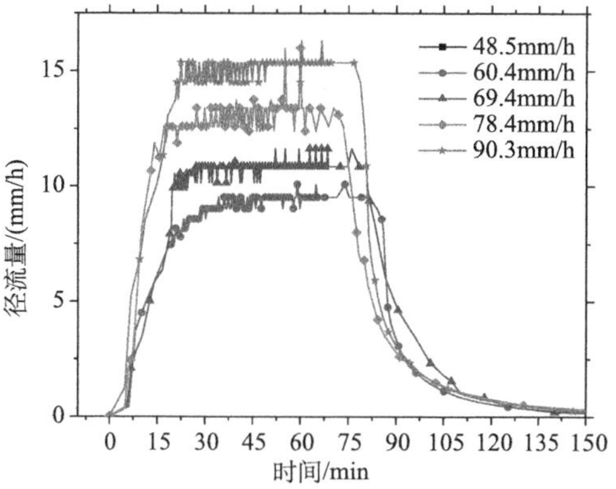

(d) 维护后传统单层铺装不同雨强下径流量曲线

图 4-28 每种铺装在维护后不同雨强下的降雨径流量曲线

从图 4-28 看出，经过维护之后 4 种铺装的稳定下渗速度都随着雨强增大而增大，充分表明在 5 种雨强之下 4 种铺装都能够正常运行，但是传统单层铺装在雨强为 90.3mm/h 的情况下产生了路面积水，且其稳定状态下下渗流速与 78.4mm/h 时的稳定下渗流速相差不大，表明传统单层铺装在 90.3mm/h 时已经达到维护后铺装的最大下渗速度，此时雨强大于稳定下渗速度，所以产生路面积水。

与堵塞情况下的分析方法相同，为了评估 4 种铺装试验段维护后的实际效果，将 4 种铺装在堵塞前、堵塞后和维护后的起涨时间点、稳定下渗流速和降雨结束后稳定下渗历时作为评估标准，图 4-29 为 4 种铺装 3 种情况下起涨时间点的变化统计图。

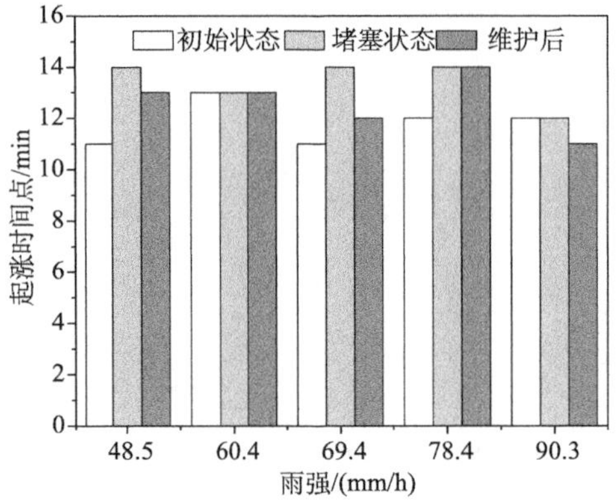

(a)新型复合铺装(23%空隙率)
起涨时间点变化统计

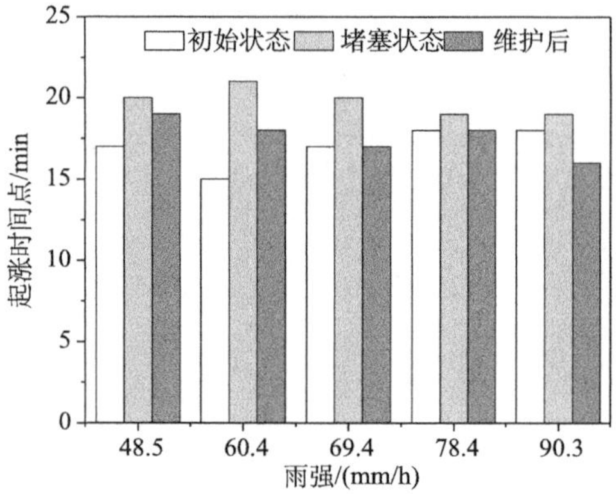

(b) 新型复合铺装(16%空隙率)
起涨时间点变化统计

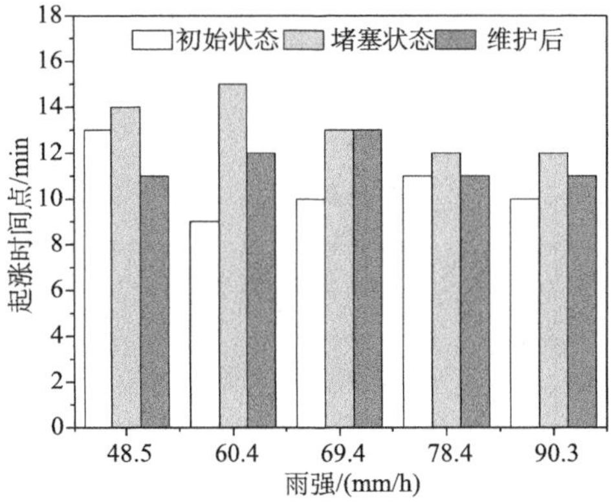

(c) 传统双层铺装起涨时间点变化统计

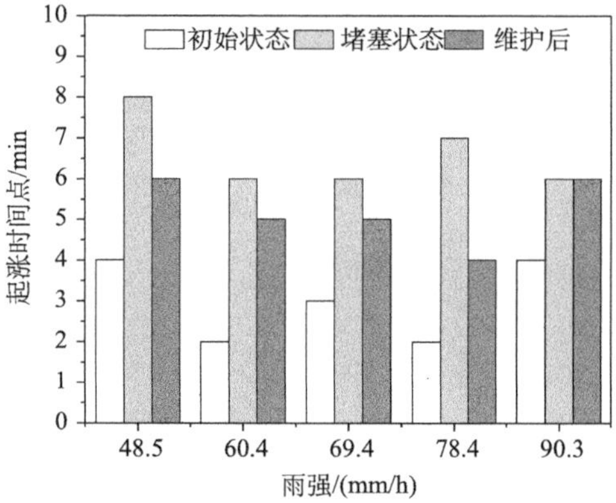

(d) 传统单层铺装起涨时间点变化统计

图 4-29　4 种铺装 3 种情况下起涨时间点的变化统计图

由图 4-29 可以看出，在经过高压冲洗维护之后，每个试验段的径流量曲线起涨时间点比堵塞后有所提前。其中新型复合铺装(23%空隙率)、新型复合铺装(16%空隙率)、传统双层铺装在部分雨强试验中的起涨时间点与堵塞之前的相同，说明经过维护之后新型复合铺装(23%空隙率)、新型复合铺装(16%空隙率)、传统双层铺装在雨水初期下渗能力方面恢复尚佳；传统单层铺装的恢复效果最显著，但是维护之后的起涨时间点仍然比堵塞前高 1 倍左右，所以传统单层铺装在雨水初期下渗能力方面恢复效果不佳。

图 4-30 为 4 种铺装 3 种情况下降雨结束后稳定下渗历时的变化统计图。

由图 4-30 可以看出，在经过高压冲洗维护之后，每个试验段的径流量曲线降雨结束后稳定下渗历时相比堵塞后历时都在缩短。其中新型复合铺装(23%空隙率)缩短 1～6min，新型复合铺装(16%空隙率)缩短 6～13min，传统双层铺装缩短

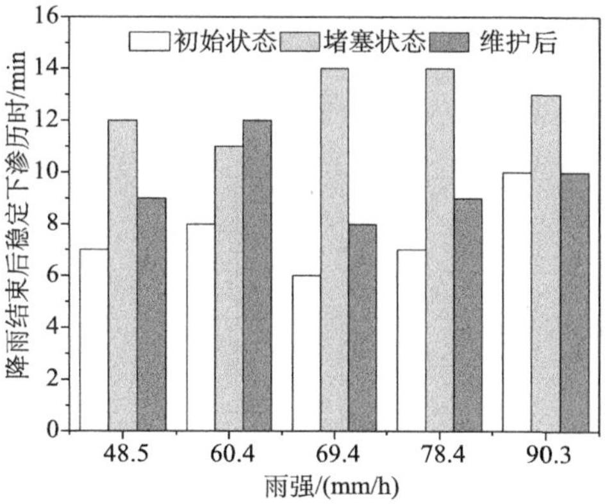

(a) 新型复合铺装(23%空隙率)降雨结束后稳定下渗历时变化统计

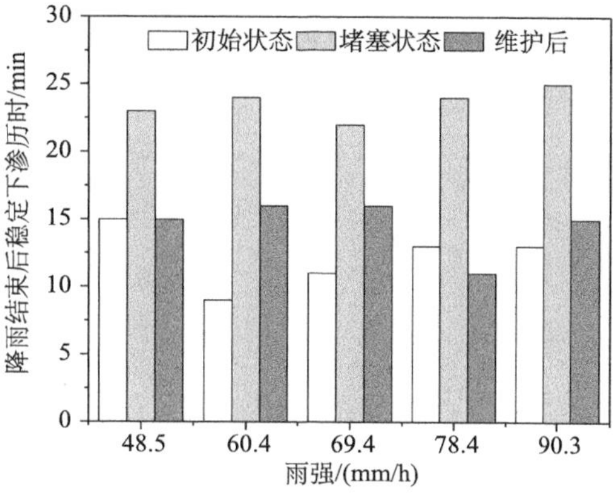

(b) 新型复合铺装(16%空隙率)降雨结束后稳定下渗历时变化统计

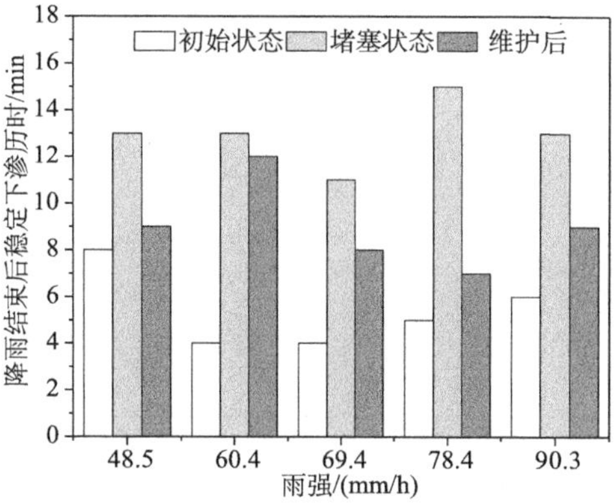

(c) 传统双层铺装降雨结束后稳定下渗历时变化统计

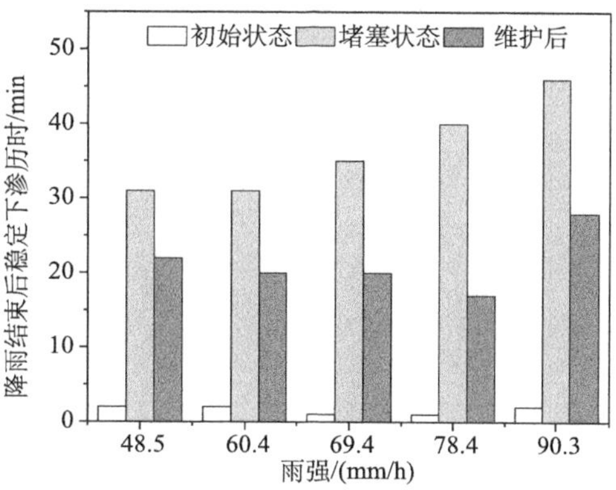

(d) 传统单层铺装降雨结束后稳定下渗历时变化统计

图 4-30　4 种铺装 3 种情况下降雨结束后稳定下渗历时的变化统计图

1～8min，传统单层铺装缩短 9～23min，波动较大。就降雨结束后排水能力恢复效果来说，新型复合铺装(23%空隙率)和新型复合铺装(16%空隙率)恢复最好，传统双层铺装次之，传统单层铺装最差。

图 4-31 为 4 种铺装 3 种情况下稳定下渗流速的变化统计图，同时列出表 4-7 加以辅助分析。

表 4-7 中，最后两列的计算公式为式(4-2)和式(4-3)

$$\text{维护后流速提升比}=\frac{v_{\text{维护后}}-v_{\text{堵塞状态}}}{v_{\text{堵塞状态}}} \tag{4-2}$$

$$\text{维护后流速恢复比}=\frac{v_{\text{维护后}}}{v_{\text{初始状态}}} \tag{4-3}$$

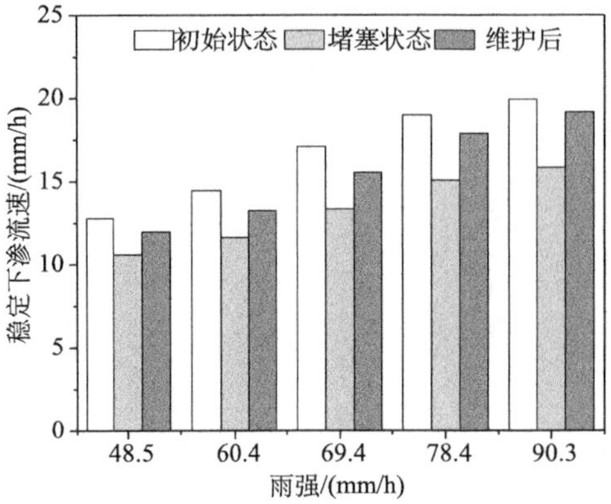

(a) 新型复合铺装(23%空隙率)稳定下渗流速对比统计

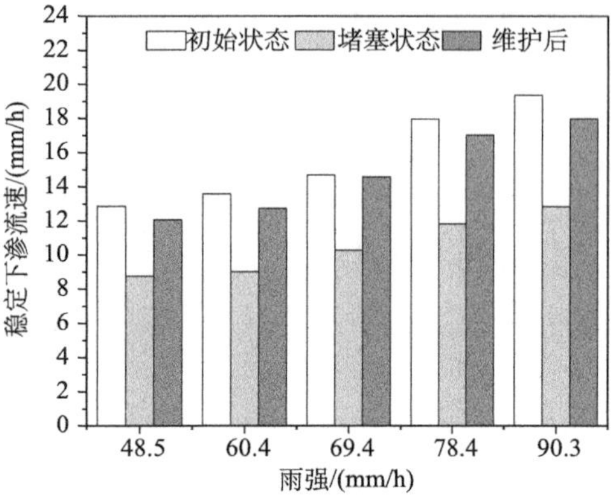

(b) 新型复合铺装(16%空隙率)稳定下渗流速对比统计

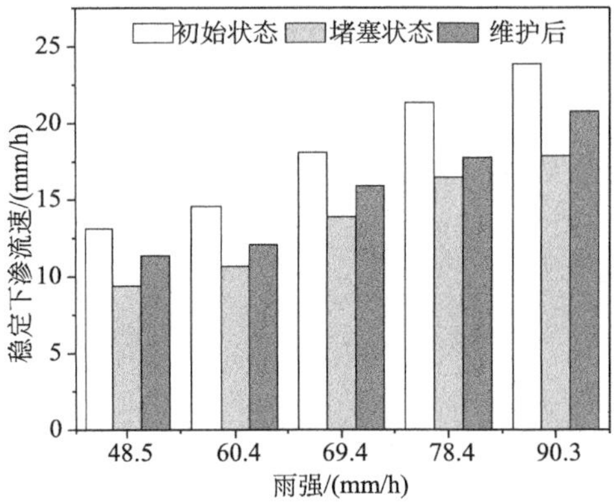

(c) 传统双层铺装稳定下渗流速对比统计

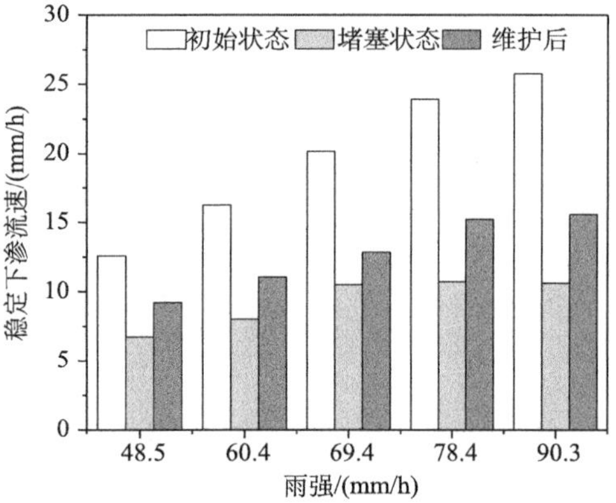

(d) 传统单层铺装稳定下渗流速对比统计

图 4-31　4 种铺装 3 种情况下稳定下渗流速的变化统计图

表 4-7　4 种铺装 3 种情况下稳定下渗流速的变化统计表

土槽类型	雨强/(mm/h)	初始状态/(mm/h)	堵塞状态/(mm/h)	维护后/(mm/h)	维护后流速提升比/%	维护后流速恢复比/%
新型复合铺装（23%空隙率）	48.5	12.79	10.58	11.98	13.23	93.67
	60.4	14.45	11.63	13.25	13.93	91.70
	69.4	17.09	13.34	15.53	16.42	90.87
	78.4	18.98	15.06	17.87	18.66	94.15
	90.3	19.93	15.83	19.16	21.04	96.14
新型复合铺装（16%空隙率）	48.5	12.87	8.76	12.07	37.79	93.78
	60.4	13.59	9.02	12.74	41.24	93.75
	69.4	14.68	10.27	14.58	41.97	99.32
	78.4	17.96	11.84	17.03	43.83	94.82
	90.3	19.35	12.85	17.98	39.92	92.92

续表

土槽类型	雨强/(mm/h)	初始状态/(mm/h)	堵塞状态/(mm/h)	维护后/(mm/h)	维护后流速提升比/%	维护后流速恢复比/%
传统双层铺装	48.5	13.11	9.38	11.35	21.00	86.58
	60.4	14.55	10.65	12.06	13.24	82.89
	69.4	18.10	13.87	15.88	14.49	87.73
	78.4	21.33	16.48	17.76	7.77	83.26
	90.3	23.85	17.88	20.75	16.05	87.00
传统单层铺装	48.5	12.59	6.74	9.21	36.65	73.15
	60.4	16.25	8.03	11.07	37.86	68.12
	69.4	20.16	10.52	12.86	22.24	63.79
	78.4	23.91	10.73	15.23	41.94	63.70
	90.3	25.76	10.64	15.58	46.43	60.48

图4-31结合表4-7可以看出，在经过高压冲洗维护后，每个试验段土槽的稳定下渗流速相比堵塞后的流速都有所提高，其中新型复合铺装(23%空隙率)和传统双层铺装流速提升比最小，分别为16.66%和14.51%，新型复合铺装(16%空隙率)的提升比最大，为40.95%，传统单层铺装处于中间，为37.02%，表明高压冲洗维护对于新型复合铺装(16%空隙率)和传统单层铺装作用最大；但是从流速恢复比来看，新型复合铺装(23%空隙率)和新型复合铺装(16%空隙率)恢复效果最佳，稳定下渗流速分别恢复至原先的93.31%和94.92%，排水性能几乎保持原状，传统双层铺装稳定下渗流速恢复至原先的85.49%，恢复效果良好，传统单层铺装稳定下渗流速恢复至原先的65.85%，恢复效果欠佳，且在雨强为90.3mm/h的降雨试验中仍出现路面明显积水。

综上所述，在经过高压冲洗维护之后，多层复合排水沥青铺装(新型复合铺装(23%空隙率)和新型复合铺装(16%空隙率)的排水功能恢复效果最好，其次为传统双层铺装的铺装结构，传统单层铺装的铺装结构恢复效果最差。分析其中的原因：①高压冲洗一般的作用深度在面层结构上，其对堵塞物的作用机理为两种，一种是将堵塞物从空隙中冲出路面，使之离开铺装结构；另一种是将堵塞物冲入更深的结构，从底层排出。②对于新型复合铺装(23%空隙率)，由于其23%大空隙的面层和由上至下空隙率逐渐增大的铺装结构，其堵塞物主要集中在面层且堵塞机理多为黏土的黏性堵塞，能够通过面层的颗粒物基本都能从下两层铺装排出，因此在堵塞之后性能衰减的主要原因是面层透水性能的衰减，且衰减幅度较小。而高压水枪对面层的冲洗使一部分堵塞物从表面排出，另一部分进入更深结构层后从底层排出，因此其排水功能恢复到堵塞前九成以上。③对于新型复合铺装(16%空隙率)，由于其16%的较小空隙率，在堵塞处理后截留更多堵塞物，因此堵塞之后的性能衰减程度高于新型复合铺装(23%空隙率)，但由于相同的结构铺装和作用机理，高压冲洗维护后新型复合铺装(16%空隙率)的排水性能也能够恢复至堵塞前的九成以上，表明较低空隙率的面层对堵塞情况的影响较大，维护后的排水性能依然能恢复得很好。④对于传统双层铺装，由于其缺少的是沥青碎石层，因此其排水性能的衰减情况与新型复合铺装(23%空隙率)基本相同，但是维护后的排水性能恢复效果并没有新型复合铺装(23%空隙率)那样好，猜想产生这种情况的原因应该是大空隙沥青混合料和级配碎石接触的表层由于性质差异会产生较多的堵塞空间，从而干扰到冲洗维护的效果。⑤对于传统单层铺装，因为其单层铺装结构，水流进入路面后垂向和横向的运动都在面层中实现，堵塞物的运动也是相同的，因此堵塞的程度会随着较长的运动路程逐步增加，且堵塞物容易自底部开始逐渐累积加厚，加剧功能性的丧失。高压水枪的冲洗容易使堵塞物从路面排出，但是进入更深厚度的堵塞物仍然难以从底部排出，因此恢复的幅度虽然很大，但也只能达到堵塞前的70%左右，也难以应对二次堵塞带来的功能性丧失。

4.6 本章小结

本章通过建立对比试验段、试验大厅人工降雨的试验方式对多层复合排水沥青铺装的下渗产流和应对堵塞问题的能力进行相关研究，按照2年、5年、10年、20年、50年一遇的情况，设定降雨强度分别为48.5mm/h、60.4mm/h、69.4mm/h、78.4mm/h、90.3mm/h，获得每个试验段对应的径流数据并对其分析，得到结论如下：

(1)5种雨强下4个试验段中，传统单层铺装的下渗过水能力最强，新型复合铺装(23%空隙率)和传统双层铺装次之，新型复合铺装(16%空隙率)最弱，4个试验段的稳定下渗流速都随着雨强的增大而增大，且没有产生路面积水，表明4个试验段铺装结构刚建成后在没有外来水量时都能够应对济南市50年一遇的暴雨强度。相对来说新型复合铺装(23%空隙率)和新型复合铺装(16%空隙率)能够在降雨结束后维持更晚的稳定下渗时间，延缓降雨产流速度，迟滞洪峰出现时间。

(2)在经过堵塞处理之后，下渗过水能力最强的是新型复合铺装(23%空隙率)和传统双层铺装，其次是新型复合铺装(16%空隙率)，传统单层铺装最差。以起涨时间点、稳定下渗流速和降雨结束后稳定下渗历时三项作为评估排水铺装在透水功能性上的变化指标，新型复合铺装(23%空隙率)的表现最好，由于较大的路面空隙率和多层铺装的共同作用，进入路面的堵塞物能够尽快随着水流排出铺装内部，透水性能降低为堵塞之前的 80%左右，仍能保持较高的雨水通过效率，没有产生路面积水从而影响交通；新型复合铺装(16%空隙率)、传统双层铺装的表现次之， 新型复合铺装(16%空隙率)拥有较小的空隙率，堵塞物的排出效率必然低于新型复合铺装(23%空隙率)，传统双层铺装由于其在厚度上弱于新型复合铺装(23%空隙率)，因此堵塞后整体表现弱于新型复合铺装(23%空隙率)；传统单层铺装的表现最差，传统单层铺装退水曲线下降点的延后更多是因为其产生的路面积水在降雨结束后的缓慢消退。因此可以说多层复合排水沥青铺装相比传统铺装拥有较强的抗堵塞能力。

(3)在经过高压冲洗维护后，下渗过水能力最强的依然是新型复合铺装(23%空隙率)和传统双层铺装，新型复合铺装(16%空隙率)次之，传统单层铺装最差；4 个试验段的稳定下渗流速都随着雨强的增大而增大，只有传统单层铺装在雨强为 90.3mm/h 时出现明显的路面积水，表明即使经过维护，传统单层铺装结构仍然难以适应高雨强暴雨的考验。在排水功能性恢复方面，新型复合铺装(23%空隙率)和新型复合铺装(16%空隙率)的排水功能性恢复效果最好，能够恢复至堵塞前90%以上的功能性，其次是传统双层铺装能够恢复至堵塞前 80%左右的功能性，最差是传统单层铺装，虽然相较堵塞后恢复幅度最大，但也只能恢复至堵塞前的70%左右，进入更底部的堵塞物难以排出，也会产生更加严重的反复堵塞问题。

5 透水铺装堵塞特性试验研究

渗透性是评价透水混凝土工作性能的重要指标，以往的研究表明，在水流作用下，透水混凝土堵塞是由于沉积物和有机颗粒的进入而产生的。堵塞效应限制了透水混凝土的渗透性。为了研究混凝土发生堵塞的根本原因，本章使用了5组不同的堵塞剂，探究了不同粒径、不同材料的堵塞剂，以及水平流速和水头高度对透水混凝土的渗透性的影响。除了传统的渗透系数测试方法，根据欧姆定律，引入电阻率法对添加堵塞材料前后的相对渗透率进行了量化。此外，还对高压清洗法的有效性进行了定性研究，并对堵塞过程进行建模分析。

5.1 试验研究

5.1.1 试验原材料与配合比

本章中透水混凝土材料为普通硅酸盐水泥(OPC)和石灰石骨料，为了有利于形成连通的空隙结构，本章选用的粗骨料级配如表5-1所示。本章试验中透水混凝土的水灰比(w/c)为0.25，设计空隙率为15%，减水剂采用高性能聚羧酸减水剂，其具体配合比见表5-2。本章试验所用试件尺寸直径为96mm，长度为100mm。

表5-1 粗骨料级配

颗粒粒径/mm	比例/%
<2.36	0.4
2.36～4.75	13.0
4.75～9.6	73.5
>9.6	13.1

表5-2 混凝土配合比

材料	配合比/(kg/m^3)
水泥	433
粗骨料	1627
水	108
减水剂	2.6

5.1.2　堵塞材料

透水混凝土堵塞材料一般分为两种，分别为黏土和河砂，黏土的粒径≤0.16mm，见表 5-3。堵塞剂分为 5 类：细级配砂组(GF)、粗级配砂组(GC)、黏土组(CL)、单级砂组(SS)和黏土砂组(CS)。其直径分别为 0.16～0.63mm、0.63～2.25mm、0～0.16mm、0.315～0.63mm、0～0.315mm，其级配见表 5-3。

表 5-3　堵塞材料级配

材料	直径/mm	GF 组/%	GC 组/%	CL 组/%	SS 组/%	CS 组/%
黏土	≤0.16	—	—	100	—	50
河砂	0.16～0.315	25	—	—	—	50
	0.315～0.63	75	—	—	100	—
	0.63～1.25	—	50	—	—	—
	1.25～2.25	—	50	—	—	—

5.1.3　堵塞仿真试验

试验使用了如图 2-9 所示堵塞仿真装置，获得试件在堵塞后的渗透率系数和电阻率。

在该装置中，压力传感器可实时记录试件上、下表面的水压值，并按顺序命名，水力梯度计算公式如下：

$$i = \frac{h_w}{L} = \frac{h_2 - h_1}{L} \tag{5-1}$$

式中，i——水力梯度；

h_w——初始水头和最终水头的差值；

L——试件高度，本章中 L=100 mm；

h_1——初始水头；

h_2——最终水头。

透水混凝土试件的流速(v_1)可由排水管流速(v_2)计算得到，排水管流速(v_2)由超声波速度传感器记录到图 2-9 中的 11#。根据达西定律，渗透系数可以表示为

$$k = \frac{v_1}{i} = \frac{A_{cu} L}{A_{ef} h_w} v_2 \tag{5-2}$$

式中，v_1——试件流速；

v_2——排水管流速；

A_{cu}——排水管面积；

A_{ef}——试件有效透水面积。

通过电极测量试件上、下表面电阻率，可以判断透水混凝土中连通空隙的堵塞情况。电阻率增加则表示试件内部连通空隙率减少，说明混凝土发生了内部堵塞。

以 10%(质量分数)氯化钠溶液作为电导介质测定电阻率。在试样的上、下表面分别安装了两个铁网作为电极与电流传感器连接。电流传感器将当前数据反馈回系统。设备内部设置如图 2-9 所示。

试件电阻率(λ)的计算公式为

$$\lambda = \frac{UA}{IL} \tag{5-3}$$

式中，U——电压；

I——电流；

A——混凝土试件截面积；

L——试件高度。

为了探究水头高度、堵塞剂级配和水平流速 3 个因素对透水混凝土渗透系数的影响，在正交表的基础上，设计了 4 种工况。将堵塞材料分为 GC 组(0.63～2.25mm)和 GF 组(0.16～0.63mm)，考察不同级配对堵塞材料的影响。水头高度在水管上 100mm 和 200mm，如图 2-9 所示，利用螺旋桨模拟表面流动的影响，其底部距试件上表面 50mm，直径为 90mm。旋转速率分为两组：60r/min 组和无水平流速组。具体工况如表 5-4 所示。

表 5-4　透水混凝土堵塞模型试验

条件	水头/mm	组别	水平流速/(r/min)
A	200	GF	0
B	200	GC	60
C	100	GF	60
D	100	GC	0

试验步骤如下：

(1)为避免水从试件侧面流出，如图 2-9 所示，试件用聚乙烯薄膜包裹(图 2-9 1#)。将聚乙烯薄膜紧紧吸附到试件的侧面，当试件放入试件的套筒中时，聚乙烯薄膜会贴在套筒的内壁上(图 2-9 4#)。同时在试样的上表面涂上凡士林，以避免水进入膜与试样之间的边界，如图 2-9 所示。

(2) 试件就位后，在试件套筒中加入 10%氯化钠溶液，在试样 24 h 内饱和。

(3) 上软管开启前，所有排水管的水龙头都要拧紧（图 2-9 7#）。在液面达到预计水头高度之前，上部排水管（图 2-9 5#）应打开，以确保水头稳定。

(4) 然后，排水管（图 2-9 8#）打开。螺旋桨（图 2-9 3#）应该打开到一定的转速。

(5) 4min 后，当测得的流速基本稳定后，在 30s 内均匀添加 50g 堵塞料（砂）。

(6) 在接下来的 20min 内，数据采集系统（图 2-9 16#）采用了超声波速度传感器（图 2-9 11#）、安培表（图 2-9 13#）和压力传感器（图 2-9 15#）的数据。

(7) 数据保存，数据采集系统关闭。试验结束后把标本取出来。

5.1.4 变水头循环堵塞试验

选取 CL、SS、CS 三种堵塞材料作为堵塞剂，模拟了 20 年未清洗、维护的路面堵塞过程。试验采用变水头试验法测量渗透系数，变水头渗透装置如图 2-6 所示。

在该装置中，试件的渗透率系数计算公式为

$$P = \frac{h_1 - h_2}{t} \tag{5-4}$$

式中，P——路面渗透率系数，mL/s，精度为 0.1；

h_1——初读数时的液位；

h_2——末读数时的液位；

t——液位下降到的时间间隔。

选取 CL、SS、CS 三种堵塞材料作为堵塞剂，模拟了 20 年未清洗、维护的路面堵塞过程。试验步骤如下：

(1) 采用变水头试验法测试各试件的初始渗透率，初始水头 h_1= 255mm，最终水头 h_2= 5mm。通过公式（5-4）得到初始渗透率系数 P_0。

(2) 保持初始水头不变（h_1= 255 mm）。将一种 100g 堵塞材料分成 20 等份，在一个循环中，加入 5g 的堵塞材料。

(3) 加入 2min 后，打开排水管龙头，水流过试样。计算水位降至水头 h_2= 5mm 的间隔时间 t_n，用公式（5-4）计算残余渗透率系数 P_n。

(4) 重复步骤（2）和（3），20 个周期后完成一种堵塞剂的循环堵塞试验。

5.1.5 变水头循环清洗试验

为了探究清洗方式对堵塞效应的恢复程度，对冲洗后试件的渗透系数进行了测定。试验选用高压水清洗模拟了路面堵塞后的清洗过程。高压水清洗方法如

图 5-1 所示，所采用的动力头锥形喷嘴用于提高水压，将堵塞的颗粒推离透水路面。高压清洗所施加的压力为 15MPa。

图 5-1　高压水清洗方法

堵塞剂仍选 CL 组、SS 组和 CS 组，试验的具体步骤如下：

(1) 各试件的初始渗透率采用变水头试验法，初始水头 h_1= 255 mm，最终水头 h_2= 5mm。通过式(5-4)得到初始渗透率系数 P_0。

(2) 保持初始水头不变(h_1= 255mm)。将一种 100g 堵塞材料分成 20 等份，在一个循环中，加入 5g 的堵塞材料。

(3) 加入 2min 后，打开排水管龙头，水流过试样。计算水位降至水头 h_2= 5mm 的间隔时间 t_n，用式(5-4)计算残余渗透率系数 P_n。

(4) 试件是从有机玻璃套管中取出的。采用高压水射流对试样表面进行 60s 的清洗。

(5) 重复步骤(2)～(4)，20 个周期后完成一种堵塞剂的循环清洗试验。

5.2　试验结果与讨论

5.2.1　多种因素对堵塞程度的影响

采用三个因素和两个水平流速正交，评价了水头、堵塞物级配和水平流速对阻化效果的不同影响。评价指标为渗透率系数和电阻率。正交表见表 5-5。

表 5-5 正交表

水平	水头/mm	堵塞剂分组	水平流速/(r/min)
1	200	GF	0
2	100	GC	60

初始渗透率系数取加入堵塞剂前 1～2min 试件系数的平均值。最终渗透率系数为添加堵塞剂后 15～20min 内的平均值，可计算出残余渗透率系数。表 5-6 是基于最终相对渗透率系数因素的比较。

表 5-6 基于最终相对渗透率系数因素的比较

条件	水头/mm	堵塞剂分组	水平流速/(r/min)	最终相对渗透率系数/%
A	200	GF	0	26
B	200	GC	60	31
C	100	GF	60	23
D	100	GC	0	29
$\overline{k_1}$	28.50%	24.50%	27.50%	
$\overline{k_2}$	26.00%	30.00%	27.00%	
极差 R	2.50%	5.50%	0.50%	

在正交表中，$\overline{k_1}$ 和 $\overline{k_2}$ 为第 1 级和第 2 级不同堵塞剂的影响因子。例如，$\overline{k_1}$ 值是条件 A 和 B 最终相对渗透率系数的平均值，即 $\overline{k_1}$ 是 200 mm 水头的影响因子。条件 A 和条件 B 在水头中都有相同的因子。极差 R 是影响因子最大值和最小值之间的差值。

通过区间对比分析，在堵塞过程中三个因素的重要性如下：堵塞剂级配>水头>水平流速。堵塞剂级配是影响渗透率系数的主要因素。条件 C 的残余渗透率系数最低，是最差的试件工作条件。与 GC 组(0.63～2.25mm)相比，GF 组(0.16～0.63mm)的残余渗透率系数较低，细级配砂更容易造成试件堵塞。Reddi 等[78]和 Deo 等[79]在单级堵塞剂试验研究的基础上，建立了概率模型。Deo 等研究发现，当空隙率在 10%～20%，而颗粒大小在 0.1～0.25 mm 时，容易发生堵塞效应，本章节的试验结果符合这一规律。张娜[80]分析了残余渗透率系数与水头的关系。研究表明，随着水头的升高，更多的颗粒被注入到连通空隙中并堆积起来。因此堵塞形成，残余渗透率系数降低。在本章节中，有以下分析：①最终相对渗透率系数随着水头的升高而增加，张娜文章中堵塞剂的直径为 0.15～0.6mm，与 GF 组相匹配；②大量的小颗粒在高压水的推动下进入空隙，然后堆积，而大颗粒则被相对较小的空隙所隔离，堵塞后，大颗粒间的空隙仍然存在，水头对渗透率系数的影响有限。

如前所述，表 5-7 显示了添加堵塞剂前后基于电阻率增长速率的因素对比。电阻率增长速率测定结果所得结论与最终的残余渗透率系数基本相似。堵塞剂级配仍然是影响阻凝效果的主要因素。不同的是，在最终相对渗透率系数上，水平流速的影响与水头效应基本相同，且随着水平流速的增加，电阻率明显增大。

表 5-7　基于电阻率增长速率的因素比较

条件	水头/mm	堵塞剂分组	水平流速/(r/min)	电阻率增长速度/%
A	200	GF	0	21
B	200	GC	60	6
C	100	GF	60	36
D	100	GC	0	5
$\overline{k_1}$	13.50%	28.50%	13.00%	
$\overline{k_2}$	20.50%	5.50%	21.00%	
极差 R	7.00%	23.00%	8.00%	

图 5-2 和图 5-3 分别为归一化后 A、B 条件下相对渗透率系数和相对电阻率曲线。从图中可以看出，加入砂土后，多孔混凝土的渗透率系数迅速减小，同时电阻率迅速增大。这个阶段被称为快速堵塞阶段。加入堵塞剂后，水迅速将小颗粒推入透水混凝土内部连通的空隙中，造成大量空隙堵塞，随后盐水通道堵塞，电流减小，电阻率增大。

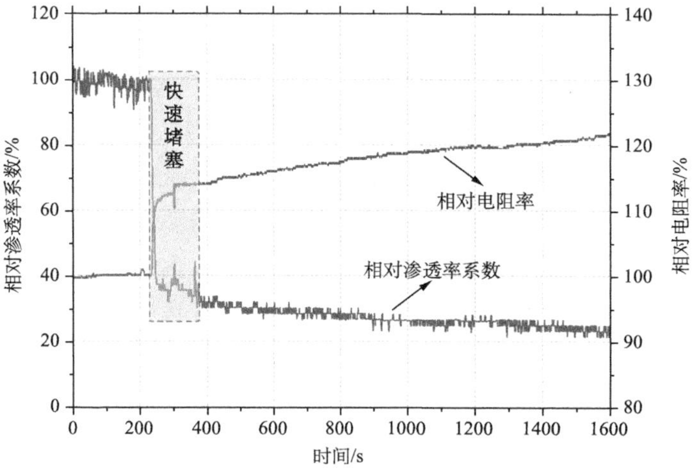

图 5-2　归一化后 A 条件下的相对渗透率系数和相对电阻率曲线

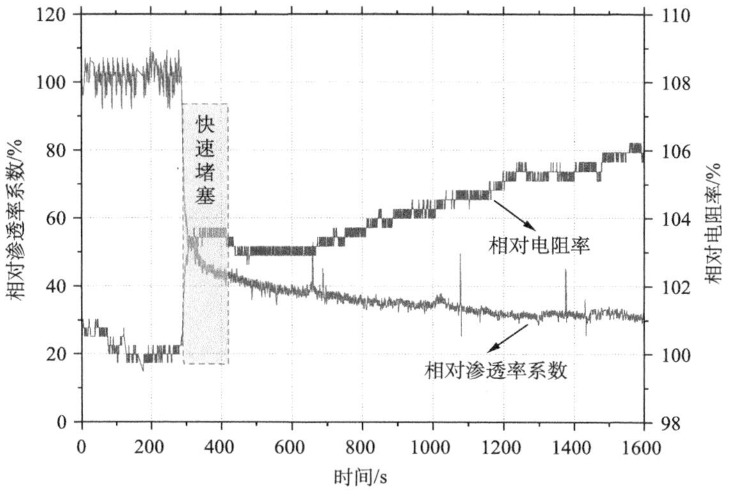

图 5-3　归一化后 B 条件下的相对渗透率系数和相对电阻率曲线

图 5-2 为归一化后 A 条件下的相对渗透率系数和相对电阻率在无旋转速率影响下的变化，透水混凝土在快速堵塞阶段后渗透率持续下降。在这个阶段的早期，粒子被松散地包裹着。然后，通道里的粒子慢慢增加，变得密集。如图 5-3 所示，在具有转动速率的 B 条件下，在快速堵塞阶段之后，透水混凝土电阻率有一个恢复阶段。这是由于在试验过程中，水平流动使透水混凝土表面积聚了堵塞材料，覆盖在试样表面的堵塞剂会影响渗透率系数，但对试样的电阻率影响不明显。

张娜[80]拟合了电阻率与残余渗透率系数之间的关系：

$$k_n = 0.999c_n,\quad R = 0.859 \tag{5-5}$$

式中，k_n——归一化渗透率系数；

c_n——归一化电阻率倒数得到的归一化电导率。

然而，在图 5-4 中，发现在 A 和 C 条件下，残余渗透率系数和电阻率的增长速度之间的相关性更强，B 和 D 条件两者之间相关性弱。渗透率系数衡量水通过材料的流速，而电阻率测量反映了空隙的连通性。如图 5-5 所示，试验结束后取出试件，去掉表面覆盖层，观察试件上表面。细砂可以充分填满透水混凝土表面的空隙，导致局部流体分子不能通过空隙。因此渠道面积的减少是有效面积减少和大多数渠道效力损失的主要原因。这种情况被定义为“完全堵塞”，如图 5-6(a)所示。当粗砂进入透水混凝土内部空隙时，颗粒之间存在较大的间隙，因此颗粒不致密。此时液体颗粒与固体接触面积增大，导致流速降低。但有效通道中的电流保持畅通。这种堵塞被定义为“不完全堵塞”，如图 5-6(b)所示。当材料不完全堵塞时，渗透率系数只能反映材料的渗透能力。此时，材料仍然有小直径的通道，可以很好地连通到材料内部。

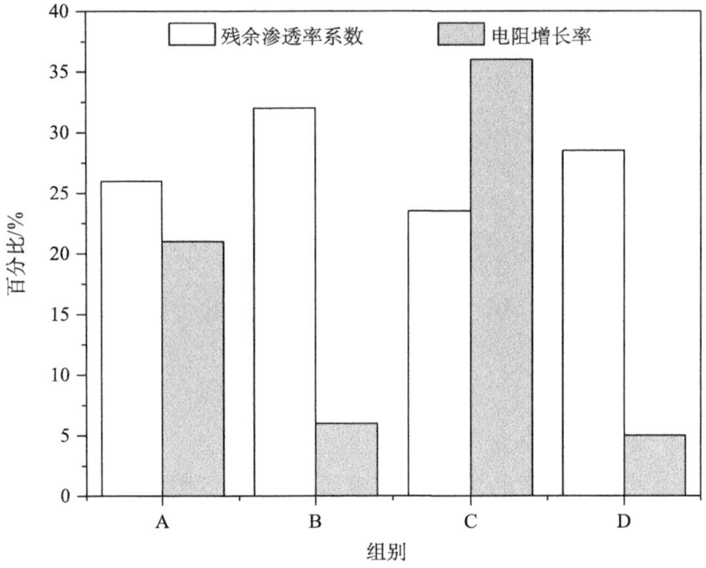

图 5-4　归一化后残余渗透率系数与电阻增长率的比较

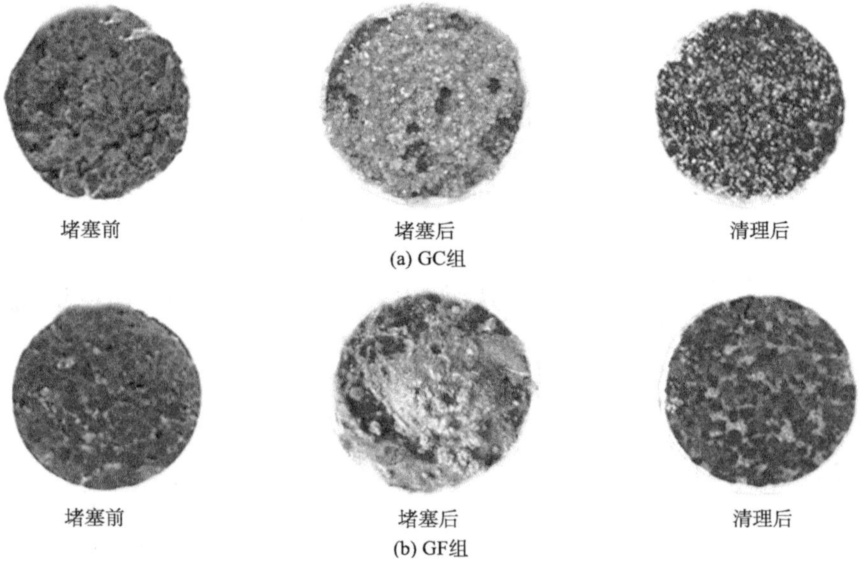

图 5-5　试验前后 GC 组和 GF 组比较

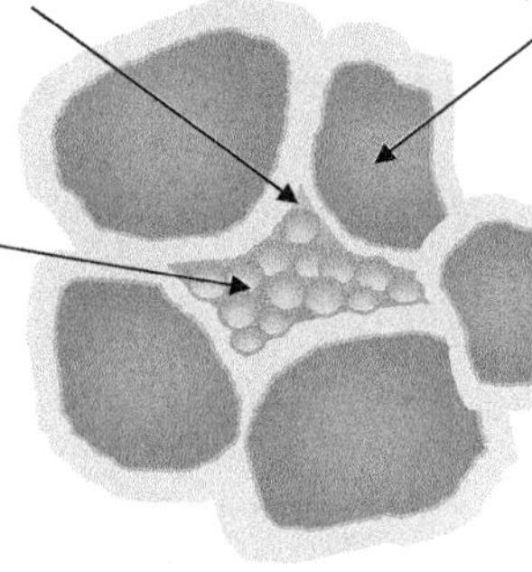

(a) 完全堵塞(小粒径)

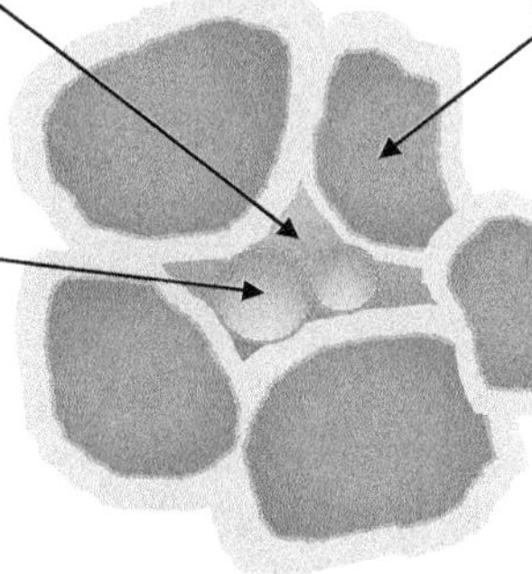

(b) 不完全堵塞(大粒径)

图 5-6 堵塞图

5.2.2 堵塞材料对堵塞程度的影响

由前面可知，堵塞材料级配对透水混凝土堵塞效应的影响最大。为深入研究堵塞材料级配对试件渗透性的影响，选用三种不同级配的堵塞材料对透水混凝土试件进行循环堵塞试验。在图 5-7 中，与两种单一材料相比，黏土和砂的混合物是影响最大的堵塞剂。CS 组透水混凝土的渗透性在 12 个周期后完全丧失。

对相对渗透率系数与加堵塞剂次数关系的研究表明，随着加堵塞剂次数的增加，首先，相对渗透率迅速下降，然后，下降率趋向于 0。相对渗透率系数 k_n 随堵塞剂添加次数呈对数递减，为添加 n 次堵塞剂后的归一化相对渗透率系数，即

$$k_n \propto \exp(x) \tag{5-6}$$

边界条件如下：

$$\lim_{x \to 0} k_n = 1 \tag{5-7}$$

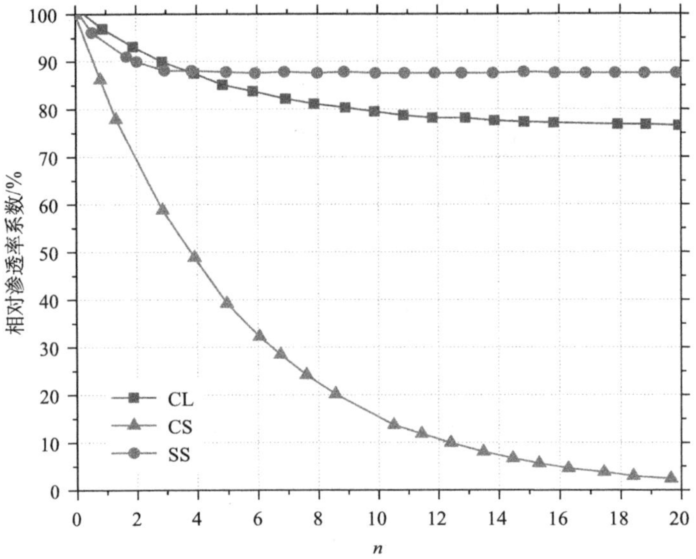

图 5-7　堵塞材料的添加次数与相对渗透率系数的关系

$$\lim_{x\to\infty} k_n = C, \quad C\in[0,1]$$

加入堵塞材料后，一次添加时间内未堵塞概率定义为 P_{u}，堵塞概率 P_{c} 为

$$P_{\mathrm{c}} = 1 - P_{\mathrm{u}}^n = 1 - [\exp(a)]^n = 1 - \exp(an) \tag{5-8}$$

k_n 建立如下：

$$k_n = 1 - b\times[1-\exp(an)] \tag{5-9}$$

$$k_{\mathrm{f}} = \lim_{x\to\infty} k_n = 1 - b \tag{5-10}$$

式中，a——系数，与未堵塞概率相关；

b——堵塞概率与渗透率系数之间的传递系数；

k_{f}——最终相对渗透率系数。

拟合曲线如图 5-7 所示，系数拟合数据见表 5-8。最终相对渗透率系数 k_{f} 值为基于系数 b 值的预测参数，可用于评价堵塞发展程度。在 CL 组和 SS 组中，预测的最终相对渗透率系数均大于 0.7，说明单一级配的黏土、砂等堵塞材料会造成不完全堵塞效应。如果发生不完全堵塞，透水混凝土的渗透性将保持不变。同时，CS 组加入 12 次后，试样的渗透率完全丧失。这种现象可以称为完全堵塞效应。如式(5-10)所示，系数 b 表示自然积累条件下的堵塞剂的松散度。积累越松散，b 值越低。由式(5-8)可知，随着系数 a 值的减小，堵塞概率升高，堵塞概率迅速上升到 100%。如图 5-7 和表 5-8 所示，SS 组拟合数据 a 远小于 CL 组和 CS 组。第一次添加后，SS 组相对渗透率系数在最终值趋于稳定。与此同时，CL 组和 CS 组的相对渗透率系数仍呈下降趋势。渗透率系数的最终稳定值分别在第 11 次和第 12 次添加之后。

表 5-8 系数 a、b 和 k_f 的拟合数据

组别	a	b	k_f
CL	–0.188	0.244	0.756
CS	–0.150	1	0
SS	–0.774	0.126	0.874

图 5-8(a)给出 CL 组的试验过程。黏土悬浮物飞了出来，小黏土颗粒在试样内部抛出连接孔，基本没有在试件内部堆积。在试件的顶部有一点黏土搁置。大部分的小颗粒，像黏土一样，从试件中飞出。Kayhanian 等[81]研究了几个具有渗透性路面的停车场，发现大量的小颗粒，如黏土，流过路面，堆积在路面底部。结果，堵塞效应发生了。在试件顶部积累了较大尺寸的颗粒，形成了覆盖层。SS 组覆盖层最厚，但最疏松。如图 5-8(b)所示，与 SS 组和 CL 组相比，CS 组的覆盖层厚度适中，且牢固地附着在试件的上表面。由砂土和黏土组成的堵塞剂是大颗粒(粗颗粒)和小颗粒(黏土)的混合物。这种堵塞剂本身具有很好的分级，因此更易导致堵塞。此外，当黏土与水混合时，颗粒间的黏结力增加，小颗粒可以附着在大颗粒的表面。大颗粒进入空隙后，受黏结力的影响，与孔壁紧密结合。

(a) CL组的试验过程　　(b) 顶部表面状态

图 5-8 CL 组的试验过程和顶部表面状态

5.2.3 高压水清洗对堵塞程度的影响

图 5-9 为相对渗透率系数与循环次数的关系曲线。在 5.1.3 节试验过程的基础上，除第一点数据外，对冲洗后的渗透率系数进行测量，并再次加入堵塞剂。高压水清洗方法作为最常见的堵塞效应清洗方法之一，得到了广泛的应用。文献[82]考虑采用式(5-9)评价高压水清洗方法的效率，拟合曲线如图 5-9 所示，拟合数据如表 5-9 所示。

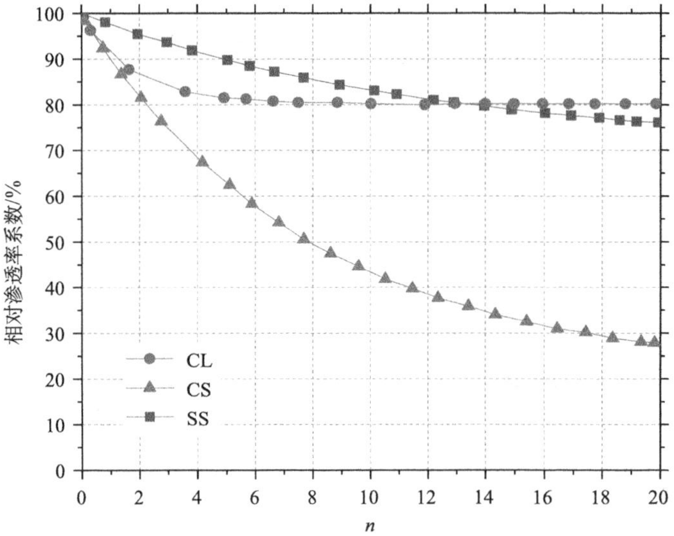

图 5-9　高压水清洗后的相对渗透率系数与循环次数的关系曲线

表 5-9　高压水清洗后系数 *a*、*b* 和 k_f 的拟合数据

组别	a	b	k_f
CL	–0.584↓	0.195↓	0.805↑
CS	–0.127↑	0.783↓	0.217↑
SS	–0.083↑	0.293↑	0.707↓

相比不清洁工况下的拟合数据，最后一个值的相对渗透率系数在 CL 和 CS 组明显增加，这意味着高压水射流清洗的方法可以有效地缓解由黏土或黏土和砂的混合物导致的堵塞效应。相比之下，SS 组的最终值下降。在水压的影响下，单级砂在试样内部的充填更为致密。Vancura 等[83]提出了堵塞深度理论：在一般情况下，由于水动力和多孔摩擦的共同作用，堵塞效应通常发生在试件上表面

12.7 mm 以内。在这次试验中，高压水作用后，在空隙结构中积累的小颗粒开始从试样中移出。同时，对于大尺寸的颗粒，如粗砂，水压的力量不足以将颗粒推出空隙，而是使这些颗粒从上表面积累到更深的空间，并发生了深度堵塞效应的变化。因此，高压水清洗方法对大颗粒造成的堵塞影响有限。

5.3 本章小结

为了研究透水混凝土堵塞效应的影响因素，对不同等级、不同类型的堵塞材料进行了试验，并在堵塞效应的清洗过程中采用高压水清洗法。根据试验数据得出的结论如下：

(1) 比较三种影响因素，包括堵塞剂级配、水头和水平流速，根据渗透率和电阻率测试数据，发现堵塞剂级配是影响堵塞效应的主要因素。当被细砂堵塞时，透水混凝土的渗透率和电阻率变化最大。水头作用于水动力，推动细颗粒进入试样。但是，如果粒子的粒径大于 0.63mm，则可以忽略其变化。水平流速主要影响颗粒在试样上表面的积累。

(2) 根据建立的模型，可以得到堵塞概率和最终相对渗透率系数。复合堵塞剂比单一材料更容易形成堵塞。单一材料往往形成不完全堵塞效应，相对渗透率系数值往往稳定在 0.7～0.8。黏土和砂的混合物等复合材料会造成完全堵塞，最终的相对渗透率系数为 0。

(3) 高压水清洗方法可以显著减轻透水混凝土堵塞的影响，特别是解决微小颗粒 (<0.315mm) 引起的问题，如黏土和黏土砂的混合物。对于较大的颗粒，试件内部的堵塞剂密度受水压的影响越来越大，不利于透水混凝土的养护。

6 再生骨料透水铺装堵塞机理研究

不同路面情况对渗透性的影响程度不同，所以有必要研究透水混凝土的堵塞机理。本章设计了一种量化研究方法，模拟透水混凝土路面的堵塞过程，结合 CT 扫描技术分析其中的堵塞机理。此外，现有的透水混凝土渗透性测试装置仍未很好地解决试件侧壁渗漏问题，而对于渗透性测量的原理方面，也有待进一步验证，因此本章将根据试验特点研制一种新的渗透试验装置，并检验以往试验中所运用的原理，以提出一种更为合理有效的试验方法。

6.1 透水混凝土试验装置研制

现有的用于测试透水混凝土渗透性的装置多用于实地测量混凝土路面的渗透性能，虽然也有人设计了能在实验室对混凝土试件进行测试的装置，但仍然存在缺陷，测量结果有较大偏差。目前的装置存在的缺陷主要是无法解决侧壁渗漏问题。由于透水混凝土试件内有很多与侧壁贯通的孔道，水流向侧壁后很容易沿筒壁垂直流下[图 6-1(a)]，使得水流路径改变，测量的渗透系数偏大。曾有学者[84]试图在套筒末端，沿与试件交接处形成的缝隙涂抹凡士林等防水材料，这样虽然在一定程度上减小了侧漏，但水流路径变化的问题仍未完全解决[图 6-1(b)]，测得的结果仍然存在明显偏差。而在研究透水混凝土的堵塞研究方面，也缺少能收集从试件中出来的堵塞颗粒的装置。本书研制了一种能够排除侧壁渗漏影响

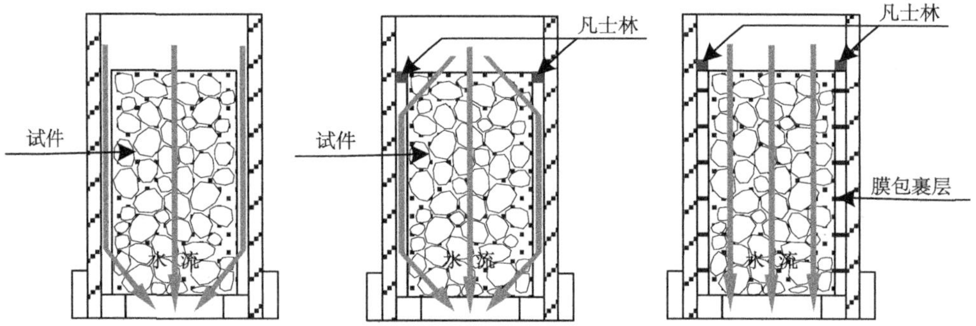

(a) 水流垂直沿筒壁流下　(b) 水流沿筒壁流下　(c) 水流沿试件流下

图 6-1　试件内水流路径

测量透水混凝土试件渗透系数，并能收集透过试件的堵塞物的装置(图 2-6)，在试件外部裹上合适厚度的包裹层，如图 6-1(c)所示，使试件与套筒之间构成柔性连接，而试件内部的水也无法透过 PE 膜包裹层，在试件与筒壁底部接触缝隙处涂抹凡士林防水，进一步解决侧壁渗漏的问题。仪器底部设计的储砂底座有一定深度，当水流携带泥沙穿出试件后，泥沙会在底座处沉积，而水则向上从出水口流出。

6.2 试验方案

6.2.1 试验原材料与配合比

水泥采用普通硅酸盐水泥，粗骨料采用再生骨料，为强度 C30 的废弃混凝土试块经破碎、过筛而得到，如图 6-2 所示，粒径范围为 10～15mm；外加剂为聚羧酸高效减水剂和矿粉的混合成分；水采用实验室自来水。试件的配合比如表 6-1 所示。

图 6-2 再生骨料

表 6-1 透水混凝土的配合比 (单位：kg/m^3)

骨料类型	水泥	水	再生骨料	矿粉	减水剂
1 号试件	445	124	1530	23.4	4.56
2 号试件	389	102.6	1530	20.5	3.95
3 号试件	316	83.25	1530	16.67	3.24

6.2.2 配合比设计

试验采用体积法进行配合比设计：按照预定的空隙率，计算骨料、水泥及水所用质量，以单粒级再生骨料作为骨架，水泥净浆薄层包裹在粗颗粒的表面，作为骨料间的胶结层，形成多孔结构的混凝土材料。所拌制混凝土按照空隙率最终分为 3 组，分别为 15%、20%和 25%，见图 6-3。

(a) 15%　(b) 20%　(c) 25%

图 6-3　混凝土按空隙率分组图

6.2.3 试件的制作与养护

透水混凝土的拌和主要包括以下步骤，将骨料、水泥和外掺剂于搅拌机中干拌 30s，之后将减水剂加入水中拌和，向搅拌机中倒入一半混合溶液，再拌 1min，加入另一半，拌 1.5min，共拌和 3min 时间，如图 6-4 所示。

模具为 50mm×50mm×25mm 的箱体，如图 6-5 所示。采用平板振动器进行

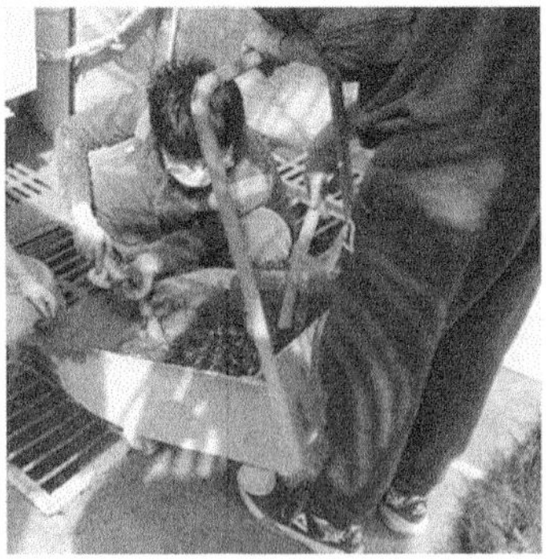

图 6-4　出料装模

图 6-5　试件拆模

振动成型，分 3 层振动，每层振动 30s。养护方法采用室内养护，28d 后拆模，对混凝土板进行取芯，见图 6-6。取出试件后，使用切割机在 3 种空隙率的混凝土板上取直径为 74mm、高 158mm 的圆柱体 25 个，共 75 个。试件见图 6-7。

图 6-6 切割取芯

图 6-7 试件样品

6.2.4 渗透性测量

本节采用变水头测量的方式对试件的渗透性进行评估，其原理为达西定律，试验中计算渗透系数所用公式如下：

$$k = \frac{A_1 \times L}{A_2 \times \Delta t} \ln\left(\frac{h_1}{h_2}\right) \tag{6-1}$$

式中，A_1——筒壁内的横截面面积；

A_2——试件横截面面积；

L——试件长度；

t——水头下降所用时间；

h_1——初始水头高度；

h_2——最终水头高度。

利用自行研制的渗透仪，透水性混凝土渗透系数的测试方法如下：

(1) 将一定龄期的试件取出，用 PE 保鲜膜不断缠绕试件，形成 2～3mm 的保鲜膜层使试件能紧密地塞入有机玻璃套筒中；沿试件底部一圈涂抹凡士林；将套筒旋入储砂底座中。

(2) 向筒中加适量水浸没试件，使水流通整个试件，并振动装置直到无气泡从试件中冒出。这是为了保证水进入试件中每一个可以到达的空隙，使测得的渗透系数更加准确。

(3) 开启秒表，对于同一次测量，选取两个不同的初始水头高度，从较高的初始水头高度到较低的初始水头高度，再到最终水头高度，记录得到两个时间间隔数据，得到不同的水力梯度下的渗透系数并进行比较。这样的方式主要用于检验达西定律，以及研究堵塞条件下混凝土的水力学特性。

6.2.5　堵塞模拟

在研究透水混凝土堵塞机理过程中，本节选取砂作为堵塞材料，根据颗粒大小分为 3 组，分别是细砂(<0.075mm)，粗砂(0.5～1mm)，以及粗细 1∶1 混合砂(图 6-8)。

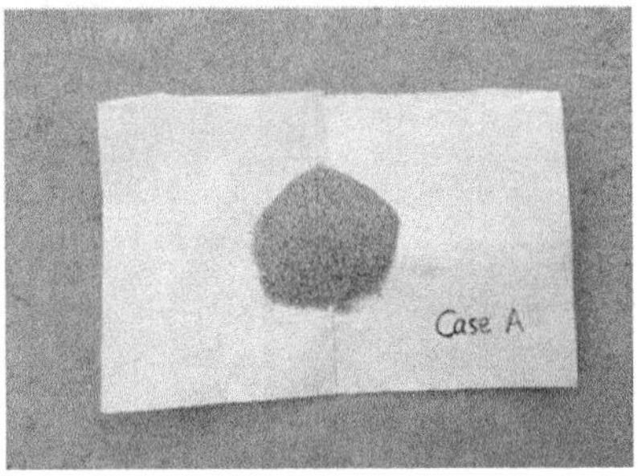

(a) 细砂

(b) 粗砂

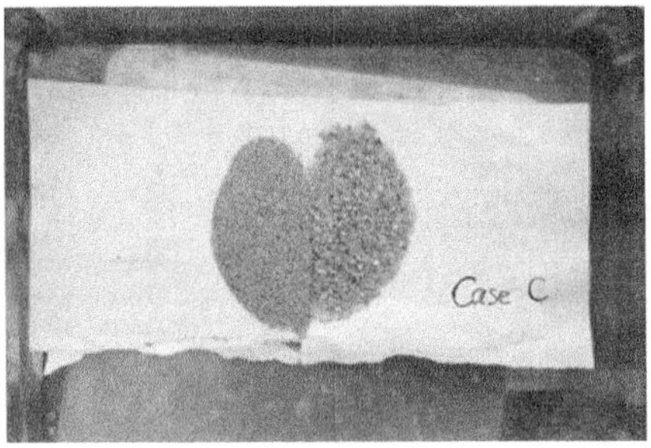

(c) 混合砂

图 6-8　按颗粒大小分组图

旨在模拟城市路面水流对透水混凝土路面进行堵塞的过程，以一次堵塞循环来模拟城市一年的地表径流状况对路面的堵塞效应，每次向试件投入 5g 砂。每一次堵塞循环具体做法如下：

(1) 将 5g 砂均匀洒在试件表面；

(2) 将水倒入试验装置中达到预定的初始水头高度；

(3) 开启水阀，开启秒表计时，直到水头下降到预定的最终水头高度；

(4)关闭水阀，停止秒表计时。

根据第 x 次堵塞循环的数据得到堵塞后的渗透系数 k_x，而试件初始渗透系数为 k_0，可以得到试件的残余渗透率百分比 $S=\frac{k_x}{k_0}\times100\%$。消除量纲后得到的剩余渗透率百分比可以量化试件堵塞后的状态并与其他工况的试件进行对比。本节在每组工况下进行 20 次堵塞循环，以模拟透水混凝土道路在堵塞条件下 20 年中的工作状况。

6.2.6　CT 技术法

对试验前后的混凝土试件进行 CT 扫描，实现对试件的非破坏性 3D 可视化分析，从细观层次上探究透水混凝土的堵塞机理，检验上述试验结论的正确性。

本节研究所用仪器为 Philips Briliance iCT，为 128 排(256 层)第三代螺旋 CT(图 6-9)，扫描时设置的仪器参数为 140kV、300mA·s。试件两端和空气交界处，试件和空气的密度不同，两种物质对射线衰减系数差异过大，导致试件两端的图像伪影较重，横断面图像模糊质量差，无法用于数据分析。而对于被砂堵塞后的透水混凝土试件而言，试件两端的堵塞情况尤其重要，所以切割出两个高为 4～5cm 且与试件同材料同直径的混凝土圆柱体“盖”，用纸板隔开，黏置在每个试件两端。这样，扫描时仪器造成的伪影便出现在“盖”上，而不会出现在混凝土试件上，避免试件两端受仪器伪影的影响。

试件经扫描并重建后，获得试件横、纵断面图(图 6-10)，黑色部分为空气(空隙)，灰色至白色部分为试件的固体部分。另外，还获得了试件的空隙、固体部分的分选图。

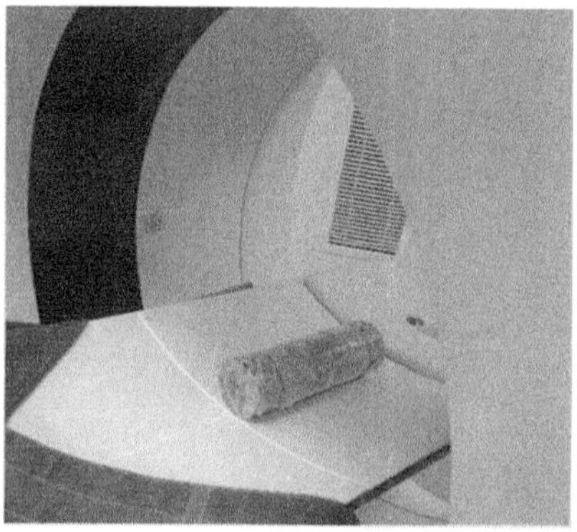

图 6-9　试件扫描

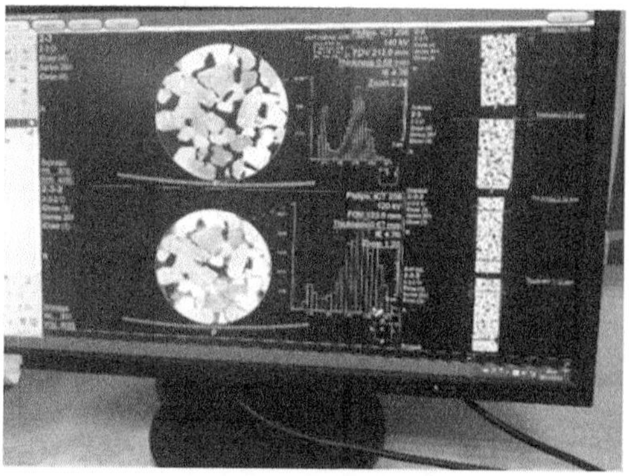

图 6-10　图像分析

6.3 试验结果分析

6.3.1 重复试验

为确保试验的准确性，防止偶然性，本节对于同一种工况做了大量重复性试验，试验结果如图 6-11 所示。从图中可以看出，曲线吻合度很好，说明数据是真实有效的。

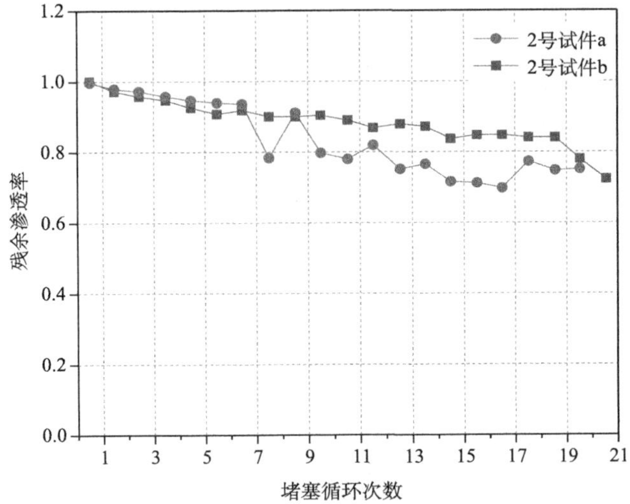

(a) 2号试件

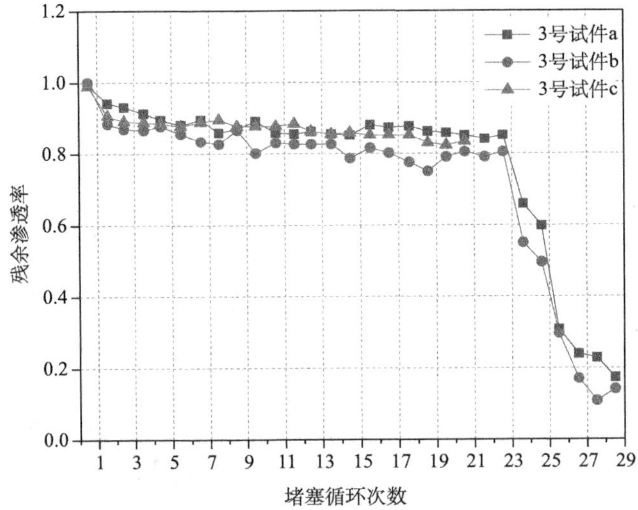

(b) 3号试件

图 6-11 部分重复性试验曲线图

6.3.2 透水混凝土的水力学特性

试件的初始空隙率和初始渗透系数分别用体积法和变水头试验的方法测得。先对取芯试件的空隙率进行测量，挑选出接近试验预定空隙率的试件，每种空隙率准备 9 个试件，分别测定其初始空隙率和初始渗透系数，得到的试验数据见表 6-2，从表中可以看出空隙率越大的透水混凝土初始渗透系数越大。

表 6-2 透水混凝土平均空隙率及平均初始渗透系数

试件编号	平均空隙率/%	平均初始渗透系数/(cm/s)
1	14.95	0.31
2	19.95	0.67
3	26.32	1.07

对于同一次堵塞循环，选取两个不同的初始水头高度，记录从较高的初始水头高度到较低的初始水头高度，再到最终水头高度的时间，得到两个时间间隔数据，计算不同的水力梯度下的渗透系数并进行比较，数据见表 6-3。从试验中(图 6-12)可以看出透水混凝土渗透性较强时，不同水力梯度测得的试件渗透系数不一致，且相差较大，高水力梯度测量值明显小于低水力梯度测量值，这一现象与文献[84]中的结论相符。这是由于当水流速较快时，水流的性质为紊流，线性的达西定律不再适用。而随着堵塞循环的进行，试件渗透性降低，水流速降低，水流的性质变为层流，此时筒内上半部测量值和下半部的测量值是相等的。

表 6-3 试验部分测量数据

a 试件		b 试件	
上半部 k 值	下半部 k 值	上半部 k 值	下半部 k 值
0.71	0.98	0.28	0.35
0.57	0.78	0.32	0.37
0.32	0.44	0.31	0.37
0.24	0.34	0.14	0.15
0.08	0.09	0.15	0.15
0.06	0.06	0.12	0.12

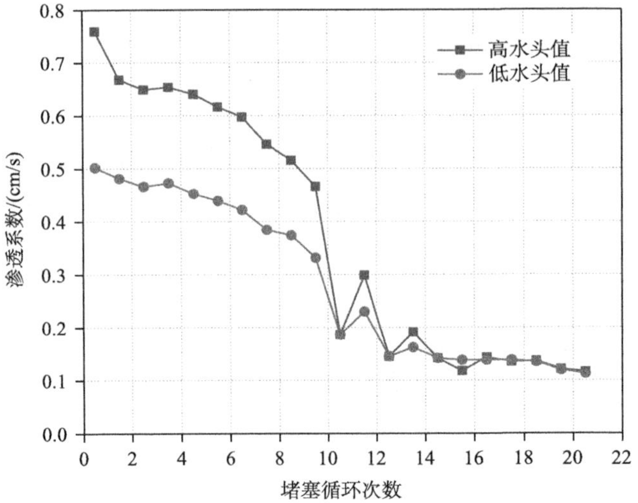

(a)

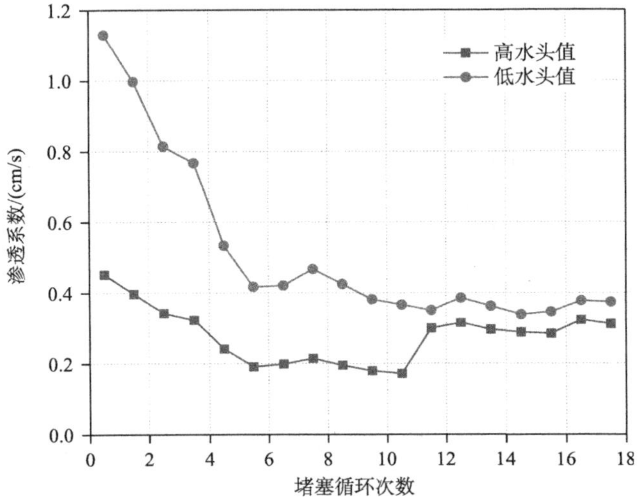

(b)

图 6-12　不同水力梯度下渗透系数图

从上述现象可以发现，高水头试验中水流流速快，试验时间短，测得的 k 值一般较低，低水头试验水流流速慢，试验时间长，测得的 k 值较高，而当堵塞效应加重时，水流符合达西定律，两种试验方法测得的 k 值是一致的，其物理意义是同一试件测得的渗透系数相等。本节据此提出对于透水混凝土堵塞试验的测量建议，因试验旨在模拟真实的道路条件下的渗透性，而真实情况的水头高度一般较低，因此本试验中选用下半部的低水头试验测得的 k 值作为渗透系数，更加符合真实情况。而当堵塞效应加重，使得要测量低水头试验的数据将耗费大量的时间时，此时达西定律适用，进而可以利用高水头试验与低水头试验测得的结果相近的性质，转而进行高水头试验测量，这种办法为测量堵塞严重的情况大大节约了时间，提高了试验的可操作性。

6.3.3　粗砂堵塞下的渗透性能

在粗砂的堵塞条件下，透水混凝土的渗透性发生显著性下降，其中空隙率最大的 3 号试件堵塞最为严重(图 6-13)，对于三种空隙率的试件，堵塞后的残余渗透率均在 30%以上，三种空隙率所对应的残余渗透率曲线如图 6-14 所示。

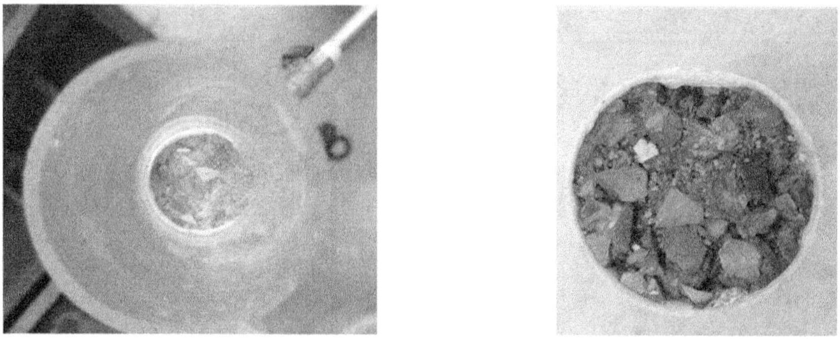

图 6-13　粗砂堵塞过程图

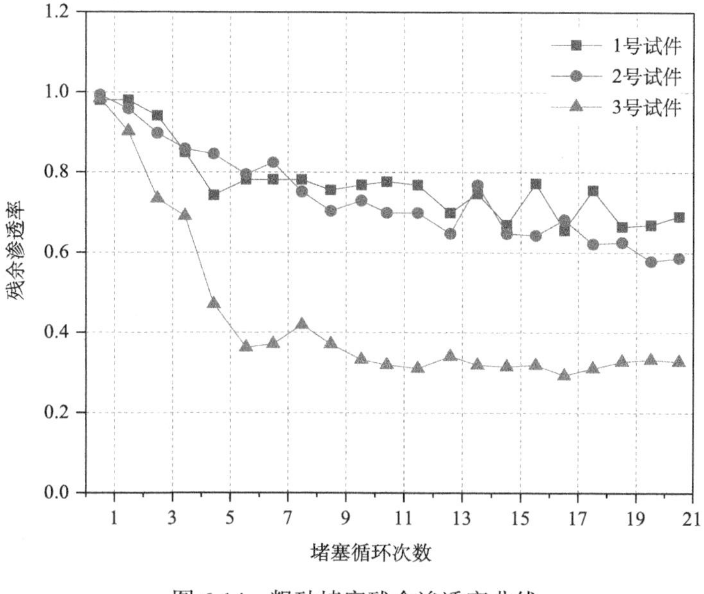

图 6-14　粗砂堵塞残余渗透率曲线

其中 15%、20%和 25%空隙率对应的最终残余渗透率分别为 72.4%、57.8%和 33.7%，空隙率与残余渗透率成反比。三种空隙率的平均初始渗透系数和平均残余渗透系数如表 6-4 所示，对比三种试件的残余渗透系数，2 号试件的渗透系数最高，抵抗粗砂堵塞能力较强，而 1 号试件初始渗透系数小，残余渗透系数也是最低的。

表 6-4　粗砂堵塞下透水混凝土平均初始渗透系数和平均残余渗透系数

试件编号	平均初始渗透系数/(cm/s)	平均残余渗透系数/(cm/s)
1	0.33	0.23
2	0.72	0.42
3	1.13	0.37

同时在粗砂堵塞试验中发现，当粗砂颗粒在试件表面大量堆积甚至达到 5～8mm 厚度时，水流仍能快速从砂的缝隙中渗入，如图 6-15 所示。此时暂停堵塞循环，将表面沉积的砂去除，测试操作前后试件的渗透系数的改变量，如表 6-5 所示。

图 6-15　砂堆积表面

表 6-5　表面沉积砂影响测量

操作	渗透系数/(cm/s)	残余渗透率
除表面砂前测量	1.24	0.76
除表面砂后测量 1	1.34	0.82
除表面砂后测量 2	1.40	0.86
除表面砂后测量 3	1.32	0.81
除砂后平均值	1.35	0.83

通过对表 6-5 的观察可以发现，粗砂的堆积确实对渗透性能有较大的影响，除砂后残余渗透率平均提升了 7%。该试验现象反映出粗砂的堵塞形式应是在孔隙中松散的堆积，使得所在大孔隙中的空间减小，从而水流的阻力增加，结构的渗透性能降低。对于大孔隙率的试件，孔径更大从而粗砂更易于进入试件内部，使得堆积范围较大，堆积产生的堵塞效应也更加明显，而对于表面孔隙较小的试件，粗砂不容易进入试件内部，仅在表层发生堵塞，堵塞效应也更小。试验后三种试件下部均无明显的砂粒出现，说明粗砂均留在试件内部或者表面。

但是从最终残余渗透系数可以发现，这种堵塞的方式并不会产生较严重的堵塞效应，且对表层的沉积砂进行冲洗清理较易，从而达到维护路面的目的。

6.3.4　细砂堵塞下的渗透性能

细砂作为堵塞材料对于透水混凝土结构层的堵塞效应极为微小，如图 6-16 所示。对于三种孔隙率的试件，堵塞后的残余渗透率均在 65%以上，三种孔隙率所对应的残余渗透率曲线见图 6-17，其中 15%、20%和 25%孔隙率对应的平均最终残余渗透率分别为 65.85%、73.48%和 85.05%。

图 6-16　细砂堵塞图

对于细砂造成的堵塞，孔隙率和残余渗透率成正比。三组孔隙率的平均初始渗透系数和平均残余渗透系数见表 6-6。

表 6-6　细砂堵塞下透水混凝土平均初始渗透系数和平均残余渗透系数

试件编号	平均初始渗透系数/(cm/s)	平均残余渗透系数/(cm/s)
1	0.40	0.27
2	0.64	0.48
3	1.09	0.93

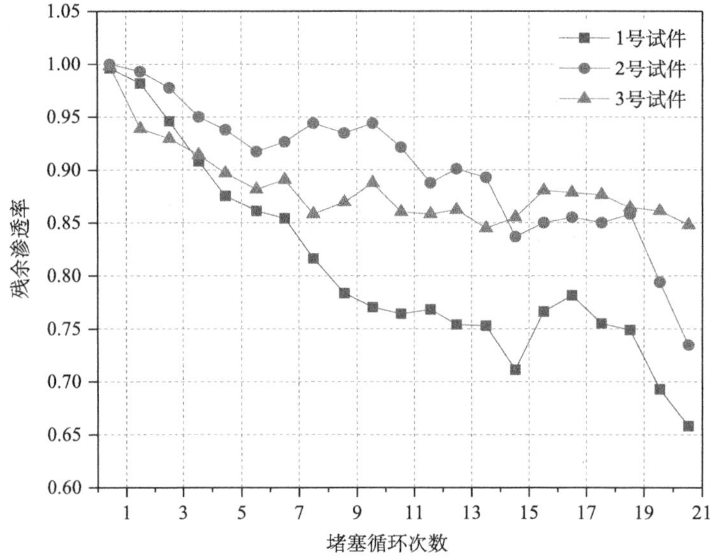

图 6-17　细砂堵塞残余渗透率曲线

通过对比可以发现，孔隙率与残余渗透率成正比，且渗透率可维持在较高水平。这是由于孔隙率增大，试件中大孔隙比例增加，细砂颗粒通过孔隙比较容易。大量砂最终穿过混凝土层，在仪器的底部沉积，但未构成混凝土层孔隙堵塞现象，如图 6-18 所示。值得注意的是，前人的研究[81]发现细砂发生的严重堵塞是由于细砂在混凝土层和下层的交界面堆积成层造成的，该结论与本节得到的现象相符。证明细砂的堵塞机理与粗砂有明显的不同，其主要发生部位不在透水结构层，而在结构层的交界面处，此种堵塞可能较严重且难以处理。

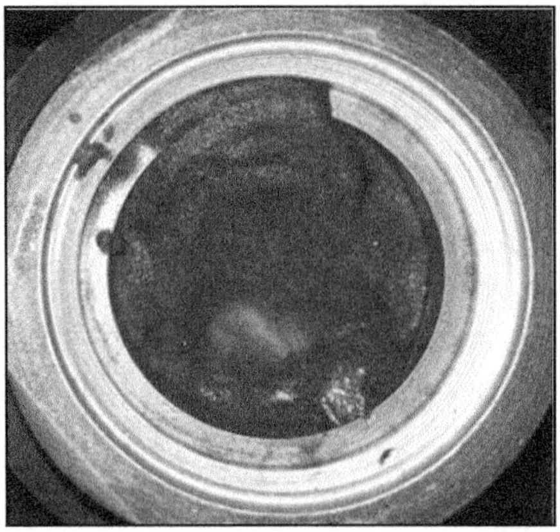

图 6-18　底部细砂沉积

6.3.5 粗细砂堵塞下的渗透性能

最严重的堵塞发生在粗细砂混合时，如图 6-19 所示。粗细砂等质量混合加入造成的堵塞会使试件的渗透性能大幅下降，其堵塞残余渗透率如图 6-20 所示，其中孔隙率最大的 3 号试件堵塞最为严重，平均残余渗透率为 15.3%，2 号试件平均残余渗透率为 17.9%左右，1 号试件平均残余渗透率为 27.6%。

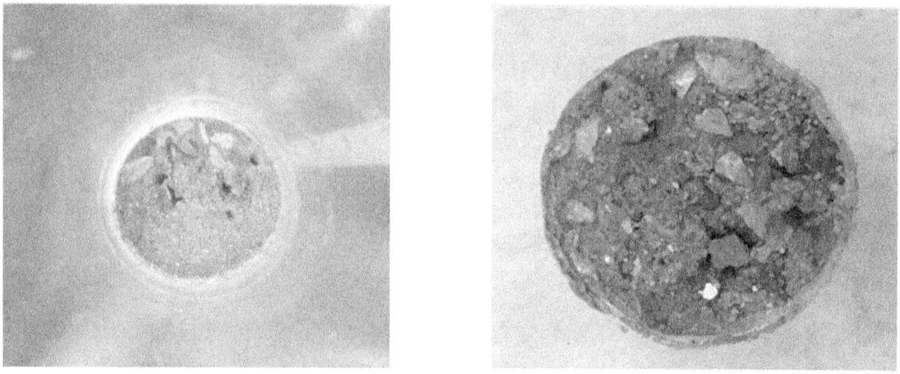

图 6-19 粗细砂堵塞图

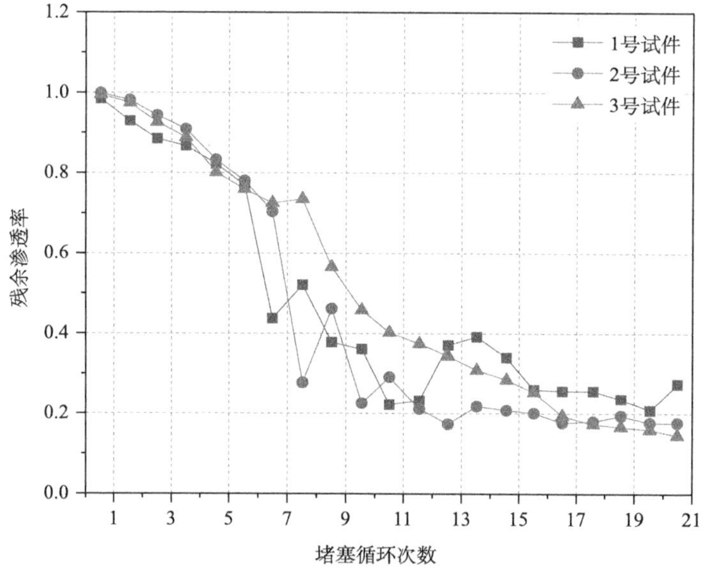

图 6-20 粗细混合砂堵塞残余渗透率曲线

三组的平均初始渗透系数和平均残余渗透系数见表 6-7。对比可以发现在粗细砂的堵塞条件下，三组的平均残余渗透系数接近。

表 6-7　粗细砂堵塞下透水混凝土平均初始渗透系数和平均残余渗透系数

试件编号	平均初始渗透系数/(cm/s)	平均残余渗透系数/(cm/s)
1	0.20	0.06
2	0.65	0.11
3	1.04	0.16

通过对比可以发现，粗细砂的堵塞条件下孔隙率与残余渗透率之间无太大关系，三者最终的堵塞结果都近似于使结构层丧失了渗透性能。从中可以发现粗砂与细砂间的共同作用效应十分明显。

6.3.6　粗细砂相互作用的研究

对比粗细砂的堵塞效应和粗砂、细砂的堵塞效应可以发现，在透水混凝土层最严重的堵塞条件是粗细砂混合的情况，这揭示粗砂和细砂共同作用可能是导致渗透性能丧失的重要原因。为进一步探究粗细砂混合堵塞效应的机理，分别在粗砂堵塞试验后加入细砂和在细砂堵塞后加入粗砂。分析两种情况下渗透性能的改变，其残余渗透率曲线如图 6-21 所示。

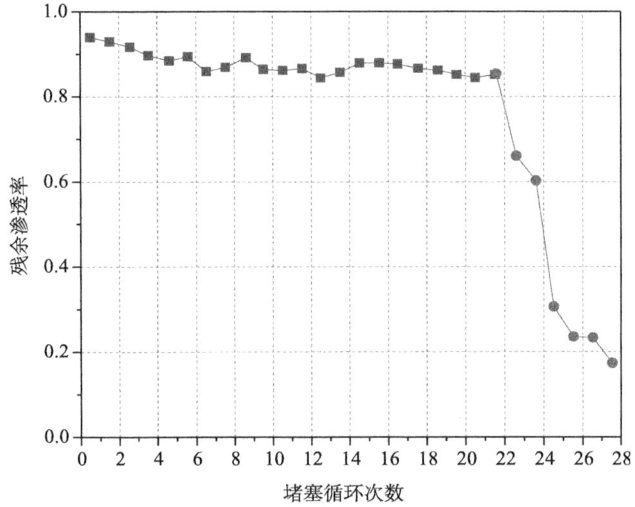

(a) 细砂堵塞后加入粗砂残余渗透率曲线

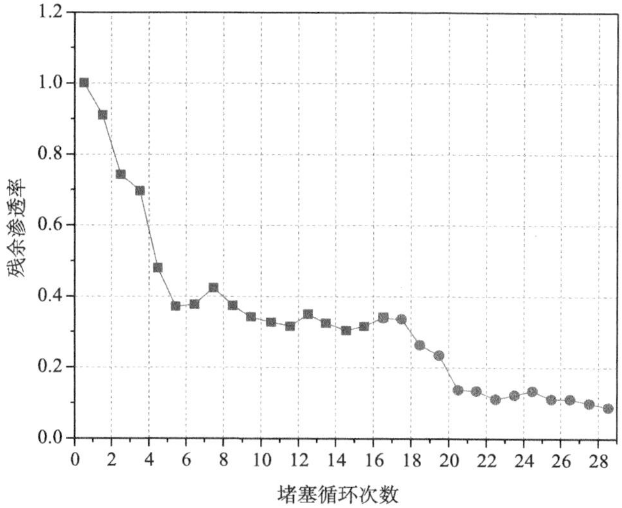

(b) 粗砂堵塞后加入细砂残余渗透率曲线

图 6-21 粗/细砂堵塞后加入细/粗砂残余渗透率曲线图

从图 6-21(a)中发现，当细砂堵塞趋于稳定后加入少量粗砂，会导致渗透系数的急剧降低，试件的残余渗透率在三次循环后迅速降至 30%左右。这可能是由于粗砂的加入使得供水流通的孔隙大大减小，而这种减小的趋势强于粗砂堵塞时的情况，这说明是细砂在其中有加强堵塞效应的作用。

如图 6-21(b)中展示，在粗砂堵塞趋于稳定后，大量的粗砂中加入少量的细砂，渗透性能也发生了较大下滑，残余渗透率在三次循环后降至 10%左右。这可能是由于细砂加入后与粗砂混合，将连通孔隙完全封堵，导致渗透性能大大降低。而少量细砂的加入导致渗透性大幅度地变化，说明这种细砂和粗砂的协同作用可能仅仅发生在表面或一些关键的孔隙结构处，从而导致混凝土层的渗透功能丧失。

6.4 CT 技术法研究混凝土堵塞机理

6.4.1 粗砂堵塞下的混凝土试件

1 号试件内整体存留的砂量较少，其中上部和中部的孔隙中砂较多，堵塞情况最严重的为试件顶部 15mm 范围内，直至高度为 75mm 时试件内完全无砂存留。砂在孔隙中的堵塞多见于狭长细窄的孔隙以及此类孔隙上部的连通孔隙中，纵向较深且直径较大的连通孔隙中基本无砂，直至连通孔隙底部出现大量的粗砂堆积。

2 号试件整体存留的粗砂量明显多于 1 号试件，仍为上部和中部砂较多，堵塞情况最严重的为试件顶部 30mm 范围内，试件上端面层的孔隙几乎都被粗砂填满，下部砂量较少，直至高度为 105mm 时试件内完全无砂存留。上部堵塞情况较为严重的部位，仍为狭长细窄的孔隙最严重，但尺寸较大的孔隙也出现大面积堵塞情况。2 号试件的其他情况与 1 号试件类似。

3 号试件整体存留的粗砂量最多，堵塞情况最严重的为试件顶部 90mm 范围内。与 2 号试件相同，试件上端面层的孔隙也几乎都被粗砂填满，直至高度为 120mm 时试件内完全无砂存留。3 号试件的其他情况与 1 号、2 号试件类似。

通过对比三种试件发现，试件内部的含砂量与含砂深度都为 3 号试件>2 号试件>1 号试件，可验证前述试验结论，与残余渗透率 1 号试件>2 号试件>3 号试件的规律相符。而三种试件也出现相同的现象，即试件上部堵塞情况最严重，最上端的面层孔隙几乎被填满。如图 6-22(a)～图 6-22(c)分别为 1 号试件、2 号试件、3 号试件顶端 5mm 处的横断面图，黑色孔隙中疏松多孔的灰色物质为粗砂。

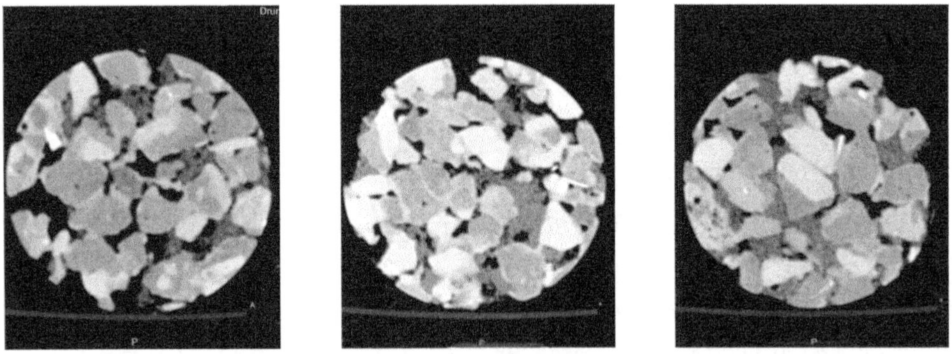

(a)1 号试件　　(b)2 号试件　　(c)3 号试件

图 6-22　粗砂堵塞下试件顶部 5mm 处横断面图

同时，粗砂均未分布在整个试件中，试件下端也几乎无砂，如图 6-23 所示，为试件的最大纵断面处砂的分布情况。说明粗砂并未穿过整个试件，而是在试件中部就无法向下运动，这与粗砂大量堆积在试件表面、仪器底座内几乎无砂的试验现象相符。

通过观察试件纵剖面图可发现，粗砂一般堵塞在连通孔隙的最末端或漏斗形孔隙的最细端，再不断向上堆积，从而造成各层堵塞现象。漏斗形孔隙的最细端宽度常在 1mm 以下，而粗砂的粒径为 0.5～1mm，可猜想粗砂造成堵塞的原因：

(1)纵向连通孔隙最下端砂的堆积。

(2)有尺寸大于孔隙尺寸的粗砂堵塞住该孔隙，造成孔隙的堵塞。

(3)由于粗砂间及粗砂与试件骨料间的摩擦力、咬合力，有两个或多个粗砂颗粒造成孔隙的堵塞，进而造成粗砂的不断堆积，形成堵塞现象。

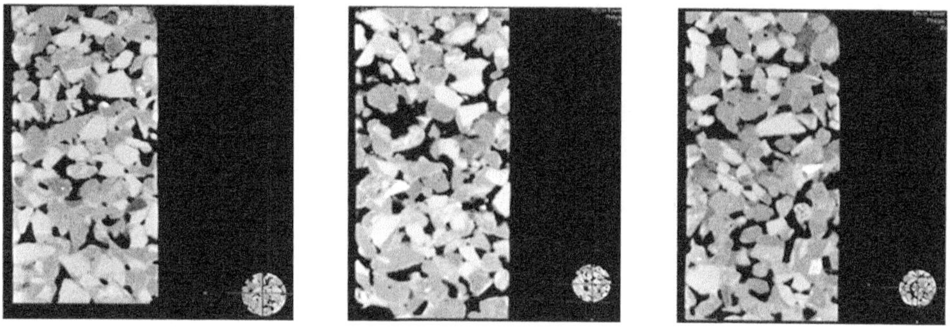

(a)1 号试件　(b)2 号试件　(c)3 号试件

图 6-23　粗砂堵塞下试件最大纵断面图

6.4.2　细砂堵塞下的混凝土试件

对细砂作用后的 1 号和 3 号试件进行 CT 横、纵断面图直观分析，如图 6-24 所示。试件最小圆形孔隙直径为 1～2mm，大多数非圆形孔隙长度为 10～20mm，最长可达 40～50mm。整个试件中从上到下都有细砂分布，试件中间段少砂或无砂，试件两端砂稍多。留在 1 号试件中的细砂量很少，3 号试件较 1 号试件更少，说明大部分细砂已穿过试件，没有留在试件中。细砂颗粒极小，粒径在 0.075mm 左右，远小于试件孔隙尺寸，可轻易穿过试件孔隙，可以验证前述猜想及试验结论：细砂在透水混凝土路面中的堵塞更多发生在结构层的交界面处。

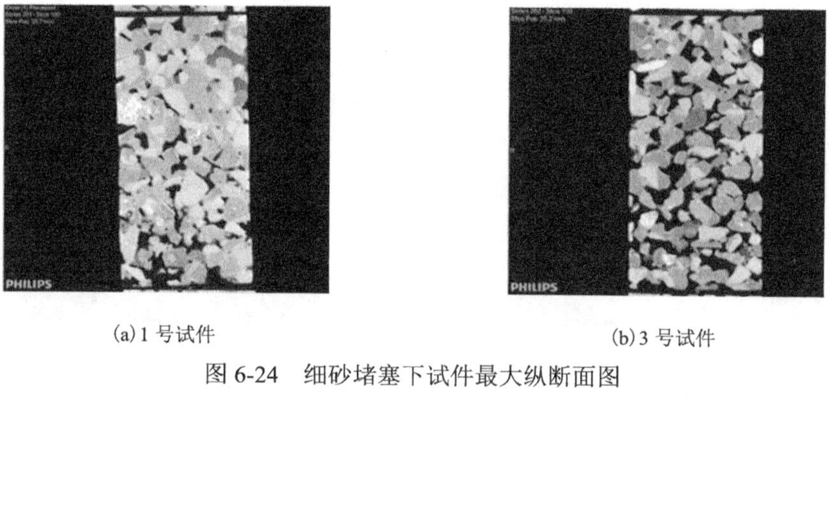

(a)1 号试件　(b)3 号试件

图 6-24　细砂堵塞下试件最大纵断面图

砂一般出现在较小较狭长且非直线形的孔隙中，如折线形孔隙和细瓶颈形孔隙，尺寸很大或者接近圆形的孔隙中一般不出现或较少出现砂的堵塞现象。经研究发现，1 号试件中部的孔隙尺寸较两端而言偏大，更容易使砂穿过。而对于瓶颈形孔隙，一般为试件纵向不连通孔隙的末端，其中堆积的砂无法向试件下端传递，部分砂传递到横向连通的孔隙中，传递也终止于横向不连通孔隙。而连通孔隙使砂不断向下传递，在孔隙中存留的砂较少，所以不连通孔隙中的堵塞情况较连通孔隙更加严重。因此得出结论，孔隙数量较少、尺寸较小，且存在不连通孔隙的部位更容易发生细砂在孔隙中的堵塞现象。

6.4.3 等质量粗细砂堵塞下的混凝土试件

1 号试件整体堵塞情况较轻，从顶端起，约 1/5 试件高度的部位存在砂在孔隙内存留的情况，下部无砂出现，试件上部 20mm 范围内情况较明显，其余部位堵塞较轻微。

2 号试件堵塞情况较 1 号试件有所加深，从顶端起，约 1/3 试件高度的部位存在砂在孔隙内存留的情况，下部无砂出现，试件上部 30mm 范围内情况较明显，其余部位堵塞较轻微。如图 6-25 和图 6-26 所示，其分别为试件顶部 10mm 处和 34mm 处堵塞前后对比图。可见 10mm 处堵塞较严重，34mm 处堵塞较轻。

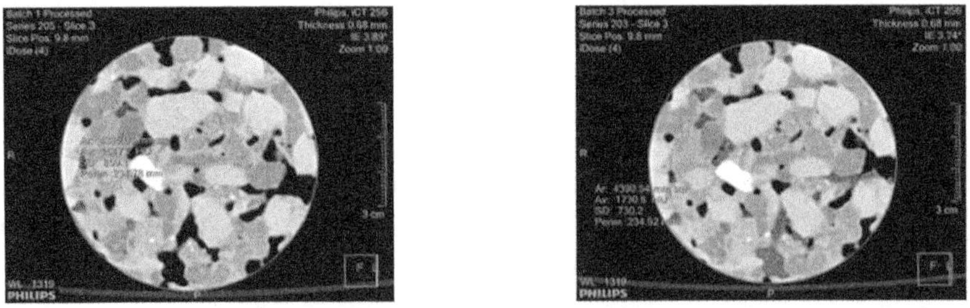

(a) 试验前　　(b) 试验后

图 6-25　等质量粗细砂堵塞试验前后 2 号试件上端 10mm 处横断面图对比图

(a) 试验前　　(b) 试验后

图 6-26　等质量粗细砂堵塞试验前后 2 号试件上端 34mm 处横断面图对比图

3 号试件堵塞情况与 2 号试件相似，从顶端起，约 2/5 试件高度的部位存在砂在孔隙内存留的情况，下部无砂出现，同样地，也为试件上部 30mm 范围内情况较明显，其余部位堵塞较轻微。

与粗砂堵塞的情况类似，试件中下部无砂出现，如图 6-27 所示。这说明粗细砂等质量混合时，砂也并未穿过试件，而是在试件的某一部位便停止运动。这与前述粗细砂等质量混合的试验中，砂大量堆积在试件顶端，而仪器的底座中几乎无砂出现的现象相符。而试件的堵塞深度表明，堵塞情况主要发生在试件的表层及顶端的 20～30mm。

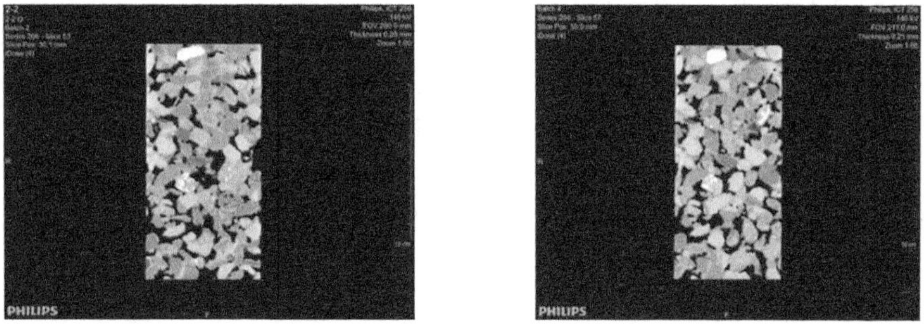

(a) 试验前　　(b) 试验后

图 6-27　等质量粗细砂堵塞试验前后 2 号试件最大纵断面图对比图

另外，测算试件试验前后的体积孔隙率。以 2 号试件为例，试验前利用 CT 扫描测得试件整体体积为 664.59cm^3，实体部分体积为 540.53cm^3，计算得体积孔隙率为 18.67%；试验后测得实体部分体积为 544.60cm^3，计算得体积孔隙率为 18.05%，体积孔隙率下降为 0.62%，证明砂在试件中的存留量较少。

6.4.4　在粗砂后加入细砂的混凝土试件

2 号试件约 75mm 高度的部位存在砂在孔隙内存留的情况，下部无砂出现，试件上部 2cm 范围内情况较明显，其余部位堵塞较轻微。测算试件试验前后的体积孔隙率，试验前利用 CT 扫描测得试件整体体积为 680.73cm^3，实体部分体积为 543.75cm^3，计算得体积孔隙率为 20.12%；试验后测得实体部分体积为 559.70cm^3，计算得体积孔隙率为 17.78%，体积孔隙率下降为 2.34%，证明砂在试件中的存留量较多，且与粗细砂等质量混合的情况相比，在粗砂后加入细砂的工况下，试件的堵塞程度明显加深。

6.5 本 章 小 结

对普通骨料和再生骨料透水混凝土进行了不同孔隙率与不同堵塞颗粒条件下的堵塞试验，对比分析了各不同孔隙率的渗透系数及变化特征，揭示了其堵塞机理，并结合 CT 试验结果进行了验证。

(1) 孔隙率与渗透系数成正比，且在堵塞过程结束后，孔隙率大的透水混凝土有更高的残余渗透系数。当渗透系数较大时，水流规律不符合达西定律，而随着堵塞进行流速降低，水流的规律将与达西定律吻合。

(2) 粗砂造成的堵塞效应较明显，但仍能保持较好的渗透性能，粗砂的堵塞主要是使试件内大孔隙的孔径不断减小，从而使水流受到的阻力变大。孔隙率大的透水混凝土中的砂进入更多，分布更广，渗透性能也下降得更严重。

(3) 细砂对 15%到 25%孔隙率的透水混凝土层的堵塞作用很小。然而，细颗粒砂可能穿过混凝土层并在与路面下层交界处发生累积，并造成路面系统的渗透性下降。因此应该合理设计透水混凝土路面的下层结构，防止细砂堆积形成沉积层。

(4) 粗细砂造成的堵塞最为严重，使得 15%到 25%的透水混凝土的残余渗透率百分比均在 20%以下。三种试件的最终残余渗透系数在 0.1cm/s 左右。

(5) 粗砂和细砂相互作用产生的堵塞效应十分明显，这种相互作用主要体现在粗细砂形成紧密的堆积，使得供水流通的孔隙大大减小，另外，此种堵塞常常仅发生在混凝土层的上半部分，甚至只是表层。混凝土层的渗透性能可由表层的清理而恢复。

参 考 文 献

[1] 刘家宏, 王浩, 高学睿, 等. 城市水文学研究综述[J]. 科学通报, 2014, 59(36): 3581-3590.

[2] 张建云. 城市水文学面临的科学问题[C]//中国水文科技新发展——2012 中国水文学术讨论会, 南京, 2012: 15-18.

[3] 冉茂玉. 论城市化的水文效应[J]. 四川师范大学学报, 2000, 23(4): 436-439.

[4] 仇保兴. 海绵城市(LID)的内涵, 途径与展望[J]. 给水排水, 2015, 41(3): 1-7.

[5] 王文亮, 李俊奇, 王二松, 等. 海绵城市建设要点简析[J]. 建设科技, 2015, 1(4): 19-21.

[6] 董淑秋, 韩志刚. 基于"生态海绵城市"构建的雨水利用规划研究[J]. 城市发展研究, 2011, 18(12): 37-41.

[7] Dietz M E. Low impact development practices: A review of current research and recommendations for future directions[J]. Water, Air, and Soil Pollution, 2007, 186(1-4): 351-363.

[8] 聂圣菊, 王林霞, 李怀民. 济南城市水文的问题与对策[J]. 山东水利, 2011, (5): 67-68, 72.

[9] Davis A P. Green engineering principles promote low-impact development[J]. Environmental Science and Technology, 2005, 39(16): 338A-344A.

[10] Rushton B T. Low-impact parking lot design reduces runoff and pollutant loads[J]. Journal of Water Resources Planning and Management, 2001, 127(3): 172-179.

[11] Montalto F, Behr C, Alfredo K, et al. Rapid assessment of the cost-effectiveness of low impact development for CSO control[J]. Landscape and Urban Planning, 2007, 82(3): 117-131.

[12] County P G. Low-impact development design strategies: An integrated design approach[R]. Department of Environmental Resources, Programs and Planning Division, 1999: 72-78.

[13] Elliott A H, Trowsdale S A. A review of models for low impact urban stormwater drainage[J]. Environmental Modelling and Software, 2007, 22(3): 394-405.

[14] van Roon M. Water localisation and reclamation: Steps towards low impact urban design and development[J]. Journal of Environmental Management, 2007, 83(4): 437-447.

[15] Rossman L A. Modeling low impact development alternatives with SWMM[J]. Journal of Water Management Modeling, 2010, 167-182.

[16] Phillips R A, Clausen J C, Alexopoulos J, et al. BMP research in a low-impact development environment: The Jordan Cove project[J]. Stormwater, 2003, 4: 32-38.

[17] Ice G. History of innovative best management practice development and its role in addressing water quality limited waterbodies[J]. Journal of Environmental Engineering, 2004, 130(6): 684-689.

[18] 俞孔坚, 李迪华. 城市景观之路: 与市长们交流[M]. 北京: 中国建筑工业出版社, 2003.

[19] 俞孔坚. 海绵城市的三大关键策略: 消纳, 减速与适应[J]. 南方建筑, 2015,(3): 4-7.
[20] 胡爱兵, 任心欣, 俞绍武, 等. 深圳市创建低影响开发雨水综合利用示范区[J]. 中国给水排水, 2010, (20): 69-72.
[21] 王国荣, 李正兆, 张文中. 海绵城市理论及其在城市规划中的实践构想[J]. 山西建筑, 2014, 40(36): 5-7.
[22] 张书函. 基于城市雨洪资源综合利用的“海绵城市”建设[J]. 建设科技, 2015,(1): 26-28.
[23] 徐振强. 我国海绵城市试点示范申报策略研究与能力建设建议[J]. 建设科技, 2015,(3): 58-63.
[24] 车伍, 张鹍, 赵杨. 我国排水防涝及海绵城市建设中若干问题分析[J]. 建设科技, 2015,(1): 22-25.
[25] 徐振强. 中国特色海绵城市试点示范绩效评价概念模型的建立与应用——兼论我国海绵城市创新体系平台的建设[J]. 中国名城, 2015,(5): 16-25.
[26] 张杰, 李捷, 熊必永. 城市排水系统新思维[J]. 给水排水, 2002, 28(11): 24-26.
[27] 王建龙, 车伍, 易红星. 基于低影响开发的城市雨洪控制与利用方法[J]. 中国给水排水, 2009, 25(14): 6-9.
[28] 王建龙, 车伍, 易红星. 低影响开发与绿色建筑的雨水控制利用[J]. 工业建筑, 2009, 39(3): 123-125.
[29] 王文亮, 李俊奇, 宫永伟, 等. 基于 SWMM 模型的低影响开发雨洪控制效果模拟[J]. 中国给水排水, 2012, 28(21): 42-44.
[30] 曹东伟, 刘清泉. 排水沥青路面[M]. 北京: 人民交通出版社, 2010.
[31] 徐斌. 排水沥青路面理论与实践[M]. 北京: 人民交通出版社, 2011.
[32] Al-Omari A, Masad E. Three dimensional simulation of fluid flow in X-ray CT images of porous media[J]. International Journal for Numerical and Analytical Methods in Geomechanics, 2004, 28(13):1327-1360.
[33] Voskuilen J L M, Verhoef P N W. Causes of premature ravelling failure in porous asphalt[C]. Proceedings of the Sixth International RILEM Symposium on Performance Testing and Evaluation of Bituminous Materials, Switzerland, 2003: 191-197.
[34] 李殿双, 侯英超. 多空隙沥青路面降低交通噪声研究[J]. 交通世界, 2005, 4: 72-74.
[35] 张树锋. 各国排水性沥青路面发展简史与设计标准[C]//第四届全国桥梁、隧道养护与管理技术研讨会, 昆明, 2017: 42-46.
[36] Afonso M L, Dinis-Almeida M, Fael C S. Study of the porous asphalt performance with cellulosic fibres[J]. Construction and Building Materials, 2017, 135: 104-111.
[37] Poulikakos L D, Gilani M S, Derome D, et al. Time resolved analysis of water drainage in porous asphalt concrete using neutron radiography[J]. Applied Radiation and Isotopes, 2013, 77: 5-13.
[38] 宋宪发. 排水沥青路面降温性能及衰变规律研究[D]. 上海: 同济大学, 2008.
[39] Fwa T F, Tan S A, Guwe Y K. Laboratory evaluation of clogging potential of porous asphalt mixtures[J]. Transportation Research Record, 1999, 1681(1): 43-49.

[40] Ressel W, Eisenbach C D, Alber S, et al. Enduring traffic noise reduction by improved porous asphalt[C]. The 6th European Conference on Noise Control: Advanced Solutions for Noise Control, Tampere, Finland, 2006.
[41] 于红润. 透水沥青路面性能研究及其在城市土地利用结构中铺面比例的优化设计[D]. 北京：北京交通大学, 2007.
[42] 崔丽. 大空隙钢渣沥青混合料配合比及性能研究[J]. 市政技术, 2008, 26(2): 140-142.
[43] Barrett M E. Effects of a permeable friction course on highway runoff[J]. Journal of Irrigation and Drainage Engineering, 2008, 134(5): 646-651.
[44] 李永波. 国产 TPS 在排水沥青路面中的应用研究[D]. 西安：长安大学, 2013.
[45] 肖鑫, 张肖宁. 排水沥青路面排水能力分析及目标空隙率确定[J]. 中外公路, 2016, (1): 49-53.
[46] Watson D, Cooley Jr L A, Moore K, et al. Laboratory performance testing of open-graded friction course mixtures[J]. Transportation Research Record Journal of the Transportation Research Board, 2004, 1891(1): 40-47.
[47] Cooley Jr L A, Ray Brown E. Selection and evaluation of field permeability device for asphalt pavements[J]. Transportation Research Record Journal of the Transportation Research Board, 2000, 1723(1): 73-82.
[48] 齐冀鲁, 张军, 梁功乐. OGFC 路面特性分析[J]. 交通世界, 2011, (11): 264-265.
[49] Lock P A, Jing X, Zimmerman R W, et al. Predicting the permeability of sandstone from image analysis of pore structure[J]. Journal of Applied Physics, 2002, 92(10): 6311-6319.
[50] Tan S A, Fwa T F, Chuai C T. A new apparatus for measuring the drainage properties of porous asphalt mixes[J]. Journal of Testing and Evaluation, 1997, 25(4): 370-377.
[51] Sebaa N, Fellah Z E A, Fellah M, et al. Measuring flow resistivity of porous material via acoustic reflected waves[J]. Journal of Applied Physics, 2005, 98(8): 084901.1-084901.10.
[52] 吴金航. 排水沥青混合料关键性能研究[D]. 重庆：重庆交通大学, 2012.
[53] Cheng Y C, Chai C, Liang C Y, et al. Mechanical performance of warm-mixed porous asphalt mixture with steel sag and crumb-rubber–SBS modified bitumen for seasonal frozen regions[J]. Materials, 2019, 12(857): 1-15.
[54] 刘羽. 大空隙透水沥青路面路用特性研究[D]. 西安：长安大学, 2014.
[55] Frigio F, Pasquini E, Partl M N, et al. Use of reclaimed asphalt in porous asphalt mixtures: Laboratory and field evaluations[J]. Journal of Materials in Civil Engineering, 2014, 27(7): 04014211.1-04014211.9.
[56] 中西弘光, 池善玉. 排水性路面铺装功能持续性的研究[J]. 广西交通科技, 2002, 27(4): 7-12.
[57] Takahashi S. Comprehensive study on the porous asphalt effects on expressways in Japan: Based on field data analysis in the last decade[J]. Road Materials and Pavement Design, 2013, 14(2): 239-255.
[58] 程刚. 排水沥青路面路用特性评价和展望[J]. 山西建筑, 2014, 40(32): 146-147.

[59] 周明刚. 多空隙沥青混合料堵塞行为特性研究[D]. 南京: 南京林业大学, 2014.
[60] 张承志. 建筑混凝土[M]. 北京: 化学工业出版社, 2007.
[61] Henderson V, Tighe S L. Evaluation of pervious concrete pavement permeability renewal maintenance methods at field sites in Canada[J]. Canadian Journal of Civil Engineering, 2011, 38(12): 1404-1413.
[62] Neithalath N, Weiss J, Olek J. Characterizing enhanced porosity concrete using electrical impedance to predict acoustic and hydraulic performance[J]. Cement and Concrete Research, 2006, 36(11): 2074-2085.
[63] The American Society for Testing and Materials(ASTM) Concrete Committee(C09). 2006. Concrete Committee to Consider Pervious Activity[N]. Tec News[2007-04-15].
[64] 董徐奋. 透水混凝土在道路工程中的应用研究[J]. 四川建材, 2009,(6): 13-16.
[65] 束波峰. 生态混凝土护坡在河堤加固中的应用[J]. 水利水电技术, 2009,(12): 16-17,41.
[66] 王俊岭, 刘栓, 宋健, 等. 透水混凝土路面堵塞对径流水质控制影响试验研究[J]. 混凝土, 2017,(6):140-143.
[67] Khankhaje E, Rafieizonooz M, Salim M R, et al. Sustainable clean pervious concrete pavement production incorporating palm oil fuel ash as cement replacement[J]. Journal of Cleaner Production, 2018, 172: 1476-1485.
[68] Haselbach L M, Valavala S, Montes F. Permeability predictions for sand-clogged Portland cement pervious concrete pavement systems[J]. Journal of Environmental Management, 2006, 81(1): 42-49.
[69] Ghafoori N, Dutta S. Laboratory investigation of compacted no-fines concrete for paving materials[J]. Journal of Materials in Civil Engineering, 1995, 7(3): 183-191.
[70] Yang J, Jiang G. Experimental study on properties of pervious concrete pavement materials[J]. Cement and Concrete Research, 2003, 33(3): 381-386.
[71] Martin W D, Kaye N B, Putman B J. Impact of vertical porosity distribution on the permeability of pervious concrete[J]. Construction and Building Materials, 2014, 59: 78-84.
[72] Matsuo Y, Morino K, Iwatsuki E. A study of porous concrete using electric arc furnace oxidizing slag aggregate[J]. Bulletin of Aichi Institute of Technology Part B, 2005, 40(4): 167-174.
[73] Mallen H A. Porous pavement treatment at stormwater pits[D]. Sydney: University of Technology Sydney, 2006.
[74] 中华人民共和国交通运输部. 公路工程沥青及沥青混合料试验规程: JTG E20—2011[S]. 北京: 人民交通出版社, 2011.
[75] 中华人民共和国住房和城乡建设部. 透水沥青路面技术规程: CJJ/T 190—2012[S]. 北京: 中国建筑工业出版社, 2012.
[76] 吕艳萍, 李淑明. 透水沥青路面的排水能力验算与结构改进[J]. 上海公路, 2008, (4): 13-16.
[77] 诸永宁. 排水沥青路面排水性能研究与排水设施的设计[D]. 南京: 东南大学, 2004.
[78] Reddi L N, Xiao M, Hajra M G, et al. Physical clogging of soil filters under constant flow rate

versus constant head[J]. Canadian Geotechnical Journal, 2005, 42(3): 804-811.

[79] Deo O, Sumanasooriya M, Neithalath N. Permeability reduction in pervious concretes due to clogging: Experiments and modeling[J]. Journal of Materials in Civil Engineering, 2010, 22(7): 741-751.

[80] 张娜. 透水混凝土堵塞机理试验研究[D]. 济南: 山东大学, 2014.

[81] Kayhanian M, Anderson D, Harvey J T, et al. Permeability measurement and scan imaging to assess clogging of pervious concrete pavements in parking lots[J]. Journal of Environmental Management, 2012, 95(1): 114-123.

[82] Kevern J T, Wang K, Suleiman M T, et al. Mix design development for pervious concrete in cold weather climates[C]. Proceedings of the 2005 Mid-continent Transportation Research Symposium, Ames, 2005.

[83] Vancura M E, MacDonald K, Khazanovich L. Location and depth of pervious concrete clogging material before and after void maintenance with common municipal utility vehicles[J]. Journal of Transportation Engineering, 2012, 138(3): 332-338.

[84] Barnhouse P W, Srubar III W V. Material characterization and hydraulic conductivity modeling of macroporous recycled-aggregate pervious concrete[J]. Construction and Building Materials, 2016, 110: 89-97.